Was macht KI mit uns?

Was macht KI mit uns?

„Wie Künstliche Intelligenz unser Denken, Handeln und Menschsein verändert“

Bibliografische Information der Deutschen Nationalbibliothek:

Die Deutsche Nationalbibliothek verzeichnet diese Publikation in der Deutschen Nationalbibliografie; detaillierte bibliografische Daten sind im Internet über http://dnb.dnb.de abrufbar.

Hakan Özgür

3030 Sok. No 11 34430 Urla / Izmir

E-Mail: hakanoezguer@gmail.com

ISBN: 978-3-8192-7846-4

Verlag: BoD · Books on Demand GmbH,

Überseering 33, 22297 Hamburg, bod@bod.de

Druck: Libri Plureos GmbH, Friedensallee 273, 22763 Hamburg

Stand: Mai 2025

Gliederung

- **Einleitung** – Eine emotionale Hinführung zum Thema und warum die Frage *"Was macht KI mit uns?"* heute so bedeutsam ist.
- **Kapitel 1: KI und Arbeit** – Wie Künstliche Intelligenz die Arbeitswelt verändert: Automatisierung, neue Berufsbilder und die Zukunft der menschlichen Arbeit.
- **Kapitel 2: KI und Identität** – Der Einfluss intelligenter Maschinen auf unser Selbstbild und das Verständnis des Menschseins. Wer sind wir, wenn Algorithmen unser Leben mitgestalten?
- **Kapitel 3: KI und Beziehungen** – Künstliche Intelligenz im sozialen Miteinander: von persönlichen Beziehungen über soziale Netzwerke bis hin zu KI-gestützten Freunden und Partnern.
- **Kapitel 4: KI und Macht** – Daten, Kontrolle und Verantwortung: Wie

Algorithmen Machtstrukturen verändern, welche Rolle Tech-Konzerne und Regierungen spielen und wer die Kontrolle über KI hat.

- **Kapitel 5: KI und Kreativität** – Wenn Maschinen malen, schreiben und komponieren: Was bedeutet das für die menschliche Kreativität und unser kulturelles Schaffen?
- **Kapitel 6: KI und Zukunft** – Utopien und Dystopien: Hoffnungen, Ängste und Visionen für das kommende Zeitalter der KI. Wie können wir die Zukunft mit KI menschlich und lebenswert gestalten?
- **Schlusswort** – Reflexion und Ausblick: Was wir über uns selbst gelernt haben und welche Verantwortung wir im Umgang mit KI tragen.

Einleitung

Was macht KI mit uns? Diese Frage klingt vielleicht zunächst abstrakt, doch sie berührt uns alle ganz persönlich. Stellen Sie sich einen typischen Morgen vor: Ihr Smartphone-Wecker analysiert Ihren Schlaf und weckt Sie im optimalen Moment. Beim Frühstück liefert ein Algorithmus die Nachrichten, die vermutlich Ihre Interessen treffen. Auf dem Weg zur Arbeit schlägt Ihnen eine Navigations-App die schnellste Route vor – basierend auf Verkehrsprognosen eines KI-Systems. Und im Büro beantwortet eine KI-Assistentin die ersten E-Mails. Kaum merklich hat künstliche Intelligenz bereits unseren Alltag durchdrungen. Wir leben in einer Zeit, in der Computer *mitdenken*, mit uns sprechen und immer mehr Entscheidungen beeinflussen. Kein Wunder, dass sich viele von uns fragen: **Verändern diese schlauen Maschinen am Ende uns Menschen selbst?**

Spätestens seit der Veröffentlichung von ChatGPT Ende 2022 ist KI in aller Munde. Der chatbasierten KI gelang etwas, das zuvor kein technisches Produkt geschafft hatte: Innerhalb von nur zwei Monaten erreichte ChatGPT über

100 Millionen Nutzer – so schnell wie keine Anwendung zuvor. Dieses rasante Tempo zeigt, wie groß die Faszination und das Interesse an KI in der breiten Bevölkerung sind. Plötzlich probierten Menschen aller Altersgruppen aus, was es heißt, mit einer *denkenden Maschine* zu kommunizieren. Viele waren erstaunt über die Fähigkeiten – einen Witz erzählen, beim Verfassen eines Aufsatzes helfen oder sogar programmieren. Zugleich machte sich ein leicht mulmiges Gefühl breit: *Wie ist es möglich, dass ein Programm solche Antworten gibt?* Was bedeutet das für Berufe wie Journalisten, Lehrerinnen oder Programmierer? Werden wir in Zukunft von einer KI ersetzt oder unterstützt?

Die Auswirkungen dieser technologischen Revolution sind komplex. In der **Arbeitswelt** erleben wir bereits massive Umbrüche. Intelligente Algorithmen steuern Fabriken, erledigen Routineaufgaben und treffen Prognosen schneller als ein Mensch es je könnte. Studien prognostizieren, dass bis 2030 rund 30 % der heutigen Arbeitsstunden durch KI-Technologien automatisiert werden könnten . Das klingt nach Effizienz und Produktivität – doch es bedeutet auch Wandel und Unsicherheit. Allein in Deutschland könnten innerhalb dieses Jahrzehnts bis zu drei Millionen Menschen aufgrund der KI neue Jobs suchen oder sich beruflich neu orientieren müssen . So eine Transformation weckt gemischte Gefühle: Einerseits eröffnen sich Chancen, von monotoner Arbeit entlastet zu werden und neue, kreativere Aufgaben zu übernehmen. Andererseits gibt es die Sorge um den Verlust des eigenen Arbeitsplatzes und damit eines wichtigen Teils unserer Identität. Diese Zwiespältigkeit spüren viele Menschen. Laut Umfragen blicken etwa **die Hälfte der Beschäftigten mit Sorge** auf den wachsenden KI-Einsatz, während nur eine Minderheit glaubt, persönlich davon zu profitieren – ungefähr ein Drittel fürchtet sogar konkret weniger Jobchancen für sich . Gleichzeitig jedoch äußert ein vergleichbar großer Teil **auch Hoffnung**, dass KI die Arbeit erleichtern oder neue Möglichkeiten schaffen könnte . Hoffnung und Überforderung liegen nah beieinander.

Doch es geht nicht nur um Arbeitsplätze und Wirtschaft. Künstliche Intelligenz betrifft unser *Menschsein* im Kern. **Wer sind wir, wenn Maschinen immer mehr können?** Schon heute formen digitale Algorithmen, was wir täglich wahrnehmen – welche Beiträge wir in sozialen Medien sehen, welche Musik uns empfohlen wird.

Unsere **Identität** und Weltsicht werden mitgeprägt von unsichtbaren, intelligenten Systemen. Wir gewöhnen uns daran, mit KI-Assistenten zu sprechen, sei es Siri auf dem Handy oder der Chatbot im Kundenservice, die manchmal erstaunlich menschlich wirken. Manch eine*r fühlt sich verstanden von einer Maschine, während wir uns von echten Menschen zunehmend entfremden. Werden künftige Generationen Freundschaften mit künstlichen Charakteren pflegen? Können wir uns selbst noch unbeeinflusst formen, wenn KI unsere Vorlieben und Schwächen besser kennt als wir selbst? Solche Fragen klingen philosophisch – und das sind sie auch. Das Buch wird diese **philosophischen Perspektiven** beleuchten und fragen, was den Menschen einzigartig macht, wenn KI in immer mehr Bereichen ebenbürtig scheint.

Untrennbar verbunden damit sind **ethische Überlegungen**. Künstliche Intelligenz wirft dringende moralische Fragen auf: Wem nützen diese Technologien, und wem schaden sie? Wie stellen wir sicher, dass KI gerecht und ohne Vorurteile agiert? Bereits haben wir Beispiele erlebt, wo Algorithmen Menschen benachteiligt haben – sei es eine Bewerbungs-KI, die Frauen diskriminierte, oder Gesichtserkennungssysteme, die bei dunkelhäutigen Personen viel öfter irren. Unsere Gesellschaft muss entscheiden, welche Werte wir den Maschinen mitgeben. Es steht viel auf dem Spiel: *Vertrauen.* Wenn ein selbstfahrendes Auto in einen unvermeidbaren Unfall gerät, nach welchen Prinzipien entscheidet es? Solche Dilemmata sind nicht mehr nur Theorie. Entsprechend laut sind die Stimmen, die **Verantwortung und Vorsicht** fordern. Anfang 2023 ging ein Offener Brief durch die Schlagzeilen, in dem hunderte Fachleute – von Tech-Pionieren wie Elon Musk bis zum Historiker Yuval Harari – einen vorübergehenden Entwicklungsstopp fortgeschrittener KI forderten. Der Grund: Man müsse erst sicherstellen, dass diese mächtigen Systeme *der Menschheit nicht schaden*, denn KI berge „tiefgreifende Risiken für die Gesellschaft und die Menschheit“ . Diese Warnung von prominenter Seite zeigt, dass wir uns nicht nur von der Faszination mitreißen lassen dürfen, sondern auch innehalten und nachdenken müssen.

Bei all den Sorgen dürfen wir die **positiven Möglichkeiten** jedoch nicht vergessen. KI kann uns auch helfen, Probleme zu lösen, die bisher unlösbar schienen. In der Medizin zum Beispiel ermöglicht KI bereits Durchbrüche, die Leben retten könnten. So hat das KI-System *AlphaFold* von Google DeepMind ein lange bestehendes wissenschaftliches Rätsel geknackt: Es kann die Form von Proteinen genau vorhersagen – ein Meilenstein, der zu neuen Medikamenten, resistenten Nutzpflanzen und sogar zur Heilung bisher unheilbarer Krankheiten wie Krebs führen könnte. In der Klimaforschung werden KI-Modelle eingesetzt, um Wetterextreme besser zu prognostizieren, und in der Bildung könnte personalisierte KI-Software jedem Kind individuell beim Lernen helfen. Diese Beispiele machen Hoffnung und zeigen, dass **Kreativität und Fortschritt** Hand in Hand gehen können, wenn wir Technologie gezielt für das Gemeinwohl einsetzen.

Dieses Buch möchte all diese Facetten beleuchten – **ohne Fachchinesisch, sondern verständlich und nah am Menschen**. Es nimmt Sie mit auf eine Reise durch verschiedene Lebensbereiche, in denen KI eine Rolle spielt: unsere Arbeit, unsere Beziehungen, unsere Kreativität, unsere Machtstrukturen und unsere Vision der Zukunft. In jedem Kapitel betrachten wir die gesellschaftlichen, psychologischen, ethischen und philosophischen Fragen, die sich stellen. Dabei geht es nicht darum, fertige

Antworten zu liefern. Vielmehr wollen wir gemeinsam reflektieren und inspirierende Denkanstöße geben. Künstliche Intelligenz konfrontiert uns letztlich mit der Frage, was uns als Menschen ausmacht und wie wir in einer von intelligenten Maschinen mitgestalteten Welt leben wollen.

Am Ende sind es **wir selbst**, die entscheiden, was KI mit uns macht – und was wir aus KI machen. Dieses Buch lädt Sie ein, diese vielleicht wichtigste Debatte unserer Zeit mit offenem Geist und neugierigem Herzen zu führen. Lassen Sie uns herausfinden, wie wir die Zukunft mit KI **menschlich** gestalten können, und was wir dabei über uns selbst lernen. Willkommen zu einer gemeinsamen Entdeckungsreise in die Welt der künstlichen Intelligenz und ihrer Bedeutung für unser Leben!

Kapitel 1: KI und Arbeit

Die stille Revolution am Arbeitsplatz

Wir stehen am Anfang einer stillen Revolution. Künstliche Intelligenz (KI) zieht in Büros,

Fabrikhallen und Home-Office-Schreibtische ein – und verändert grundlegend, wie wir arbeiten. Viele von uns fragen sich: **Wird ein Computer meinen Job übernehmen?** Oder kann KI uns von Routinearbeiten befreien und neue kreative Möglichkeiten eröffnen? Ähnliche Fragen tauchten schon in früheren technischen Umbrüchen auf, doch **diesmal fühlt es sich anders an**. KI ist nicht nur ein weiterer Automat – sie **lernt**, entscheidet mit und führt Aufgaben aus, die früher Menschen vorbehalten waren. In diesem Kapitel schauen wir darauf, wie KI unsere Arbeitswelt verändert. Dabei betrachten wir **gesellschaftliche, psychologische und ethische Perspektiven**: Welche Berufe sind besonders betroffen? Welche Chancen entstehen durch KI? Was könnten wir durch Automatisierung verlieren? Wie wandelt sich unser Verhältnis zur Arbeit? Und welche Verantwortung tragen Unternehmen und Gesellschaft in dieser Entwicklung?

Die **Arbeitswelt** von heute ist das Ergebnis zahlreicher Innovationen. Von der Dampfmaschine bis zum Internet haben neue Technologien Jobs verschwinden lassen – und zugleich neue geschaffen. KI setzt diese Tradition fort, aber in einem Tempo und Ausmaß, das selbst erfahrene Fachleute erstaunt.

Computerprogramme können heute Texte schreiben, Bilder malen, Gespräche führen und Entscheidungen treffen, als wären sie menschliche Experten. Diese Fähigkeiten der KI bringen sowohl **Vorfreude** auf effizienteres Arbeiten als auch **Ängste** mit sich. Um die Veränderungen einzuordnen, beginnen wir mit der Frage, welche Berufe und Tätigkeiten besonders unter dem Einfluss der KI stehen.

Berufe im Wandel: Welche Jobs sind besonders betroffen?

KI-Systeme – von **Chatbots** bis zu **Industrierobotern** – können bereits heute viele Aufgaben übernehmen, die einst sichere menschliche Domäne waren. Studien zeigen, dass bis zu zwei Drittel der aktuellen Arbeitsplätze in gewissem Maße schon **KI-Automatisierung ausgesetzt** sind. Generative KI, also KI-Systeme, die eigenständig Inhalte erzeugen können, könnte laut dem Finanzinstitut Goldman Sachs *bis zu ein Viertel der heutigen Arbeit ersetzen.* In Zahlen ausgedrückt: Weltweit könnten in den kommenden Jahren *bis zu 300 Millionen Vollzeitstellen* betroffen sein. Auch der Internationale Währungsfonds warnte 2024, dass global rund **40 % der Arbeitsplätze** durch KI verändert oder gefährdet werden, in hochentwickelten Ländern wie Deutschland sogar bis zu **60 %**. Doch hinter diesen großen Zahlen steckt die konkrete Frage: **Welche Berufe sind das genau?**

Besonders betroffen sind **Berufe mit hohem Anteil routinierter, datengetriebener oder vorhersehbarer Aufgaben**. Dazu zählen etwa klassische Bürotätigkeiten in Verwaltung und Buchhaltung, aber auch einige akademische Berufe. Eine Untersuchung des **Startup OpenAI** (den Entwicklern von ChatGPT) zusammen mit der University of Pennsylvania fand heraus, dass KI wie ChatGPT bereits *über die Hälfte der typischen Aufgaben eines Buchhalters schneller erledigen* könnte. Ähnliches gilt für Tätigkeiten von **Mathematikern, Programmierern, Übersetzern sowie Autorinnen und Journalisten** – also Jobs, bei denen es ums Rechnen, Schreiben, Übersetzen oder Kodieren geht. Solche kognitiven, informationsverarbeitenden Arbeiten lassen sich durch heutige KI zu einem großen Teil automatisieren. Kein Wunder also, dass gerade in diesen Branchen Unruhe herrscht: Hier besteht die Sorge, dass KI den Menschen zur Konkurrenz wird.

Doch nicht nur Schreibtischjobs stehen vor Veränderungen. KI und **Robotik** halten auch in handwerklichen und dienstleistungsorientierten Bereichen Einzug. Beispiele sind der **Transport- und Logistiksektor**, wo etwa selbstfahrende Fahrzeuge Lkw- und Busfahrer ersetzen könnten, oder die **Lieferdienste**, in denen Lieferroboter und Drohnen Paketzusteller entlasten (oder verdrängen). In der Industrie übernimmt die Automatisierung immer mehr **Produktionsschritte** – von der Qualitätskontrolle mit Bildverarbeitungssystemen bis zur Montage durch Roboterarme. Sogar in der **Landwirtschaft** und Lebensmittelproduktion steuern KI-Systeme Maschinen, die ernten, sortieren oder verpacken.

Trotz dieser breiten Wirkung gibt es auch Bereiche, in denen **menschliche Arbeit vorerst unersetzlich** bleibt. Überall dort, *wo es auf Zwischenmenschliches, Kreativität oder unvorhersehbare Situationen ankommt*, stößt die KI an Grenzen. **Soziale Berufe** – etwa in der Pflege, Erziehung oder Therapie – erfordern Empathie, menschliche Wärme und ethische

Urteilsfähigkeit, die Algorithmen derzeit nicht besitzen. **Komplexe Umwelten mit direktem Kundenkontakt**stellen KI vor Schwierigkeiten. Auch kreative Berufe sind nicht per se verloren: Zwar kann KI Musik komponieren oder Designs entwerfen, doch **die originelle Schöpferkraft und das menschliche Kulturverständnis**bleiben etwas Besonderes. Ein erfahrener Werbetexter oder Künstler nutzt KI vielleicht als Werkzeug zur Inspiration, *ersetzt* wird er dadurch aber nicht ohne Weiteres. Insgesamt gilt: **Je stärker ein Job auf menschlicher Kreativität, Intuition, sozialer Intelligenz oder körperlicher Geschicklichkeit in wechselnden Umgebungen beruht, desto eher wird er weiterhin von Menschen ausgeübt werden**. KI mag tausende Bilder analysieren oder Datenmuster erkennen können – aber ein vertrauliches Gespräch führen, einen schwierigen Patienten trösten oder in einer Krise Verantwortung übernehmen, das sind Fähigkeiten, die uns Menschen auszeichnen und die Maschinen so schnell nicht meistern.

Neue Chancen durch KI: Kreativität, Produktivität und neue Berufe

Historisch gesehen hat jede technologische Revolution nicht nur Arbeitsplätze vernichtet, sondern *auch neue geschaffen*. Ähnlich verhält es sich mit der KI. **Wo alte Tätigkeiten wegfallen, entstehen neue Aufgaben und Berufe.** So gibt es schon heute Jobbezeichnungen, die vor wenigen Jahren kaum jemand kannte. Beispiele sind *"Prompt Engineer"* (jemand, der KI-Systeme durch ausgeklügelte Eingaben optimal nutzt) oder **Data Scientist**, **KI-Trainer** und **KI-Ethik-Beauftragte**. Diese neuen Experten entwerfen, überwachen und verbessern KI-Systeme. Sie analysieren Daten, um KI noch schlauer zu machen, oder sorgen dafür, dass Algorithmen fair und transparent bleiben. Laut Arbeitsmarktbeobachtungen gehören **Datenanalysten und KI-Entwickler** derzeit zu den gefragtesten Fachkräften. Gleichzeitig wächst der Bedarf an Menschen, die **Roboter in Fabriken installieren und warten**, an **Digitalexperten im Bildungsbereich** (etwa Online-Learning-Manager, die E-Learning-Angebote mit KI gestalten) und an **KI-Managern**, welche die Einführung von KI in Unternehmen strategisch begleiten.Diese Beispiele zeigen: KI schafft ein **Ökosystem neuer Berufe** – von High-Tech bis in traditionelle Branchen –

und bietet Chancen für diejenigen, die bereit sind, sich weiterzubilden.

Nicht nur völlig neue Berufe profitieren. Auch in klassischen Branchen kann KI **lästige oder gefährliche Arbeiten abnehmen**, sodass Beschäftigte sich interessanteren Aufgaben widmen können. In der Medizin etwa helfen KI-Systeme dabei, Röntgenbilder nach Auffälligkeiten zu durchsuchen, was Radiologen entlastet und ihnen mehr Zeit für die Patienten lässt. In der Kundenbetreuung beantworten Chatbots die häufigsten Fragen, während menschliche Mitarbeiter sich um komplexe Probleme kümmern. **Kreative Köpfe** – Schriftsteller, Designer, Musiker – nutzen KI als *Ko-Werkzeug*: Sie lassen sich von KI-Generierungen inspirieren oder erledigen Routinearbeiten wie Formatierung, einfache Entwürfe oder das Durchsuchen großer Informationsmengen in Sekunden. Das bedeutet, **Produktivität und Effizienz** können steigen. Viele monotonen Handgriffe oder stundenlange Analysen erledigt die Maschine künftig in Minuten, und der Mensch kann sich auf das **Planen, Erfinden und Gestalten** konzentrieren. Unternehmen erhoffen sich dadurch auch **Innovation**: KI kann als *“kreativer Partner”* neue Ideen vorschlagen, die Menschen weiterentwickeln. So entsteht eine **Zusammenarbeit zwischen Mensch und Maschine**, in der beide Seiten ihre Stärken einbringen – die Geschwindigkeit und Datenkraft der KI und die kreative, moralische und empathische Kompetenz des Menschen.

Ein weiterer positiver Aspekt: KI kann **völlig neue Geschäftsmodelle und Branchen** hervorbringen. Genauso wie das Internet vor Jahrzehnten Berufe wie Webdesigner oder Social-Media-Manager hervorgebracht hat, sehen wir jetzt Start-ups, die auf KI-basierten Diensten fußen – von personalisierten Gesundheitsberatungen bis zur automatisierten Landwirtschaft. **Bildungsangebote** passen sich an: Es gibt heute schon Studiengänge und Weiterbildungen in *"Künstlicher Intelligenz und Gesellschaft"* oder *"Mensch-KI-Interaktion"*, um die kommende Generation auf diese neuen Aufgaben vorzubereiten. Kurz gesagt: **KI bietet enorme Chancen**, wirtschaftlich wie kreativ. Wenn wir sie richtig nutzen, kann sie uns von repetitiver Arbeit entlasten und Türen zu Tätigkeiten öffnen, die wir als erfüllender empfinden.

Was wir durch Automatisierung verlieren könnten: Identität und soziale Rolle

Trotz aller Chancen dürfen wir die **Schattenseiten und Verluste** durch KI nicht ausblenden. Arbeit ist für viele Menschen mehr als nur Broterwerb – sie gibt **Struktur im Alltag, soziale Anerkennung und ein Stück Identität**. **„Was machen Sie beruflich?“** ist eine der ersten Fragen, wenn wir jemanden neu kennenlernen. Unser Beruf definiert oft, wer wir sind und wo wir in der Gesellschaft stehen. Wenn nun KI-Systeme einen Job überflüssig machen, geht für die Betroffenen nicht nur ein Einkommen verloren, sondern möglicherweise auch ein **Gefühl der eigenen Wertigkeit**. Schon jetzt zeigt sich in Umfragen eine wachsende Sorge unter Arbeitnehmern, dass KI ihren Arbeitsplatz kosten könnte. Diese Angst ist nicht nur ökonomisch, sondern *tief psychologisch* begründet: Der Jobverlust droht das eigene Selbstbild und die gewohnte soziale Rolle zu erschüttern.

Stellen wir uns einen erfahrenen **Buchhalter** vor, der sein Berufsleben lang die Finanzen eines Unternehmens verwaltet hat. Plötzlich führt die Firma eine KI-Software ein, die Buchungen automatisiert prüft und Berichte erstellt. Die Arbeit ist schneller erledigt, aber der Buchhalter fragt sich: *„Bin ich jetzt noch gebraucht?"* Wenn keine vorbereitende Umschulung oder neue Rolle vorgesehen ist, fühlt er sich womöglich entwertet. Ähnliches könnte einer **Übersetzerin** passieren, deren Aufträge zurückgehen, weil viele Texte von KI übersetzt werden. Selbst wenn die Qualität der KI-Übersetzungen nicht perfekt ist, spart der Kunde Geld – und die Übersetzerin verliert einen Teil ihres bisherigen Aufgabenfeldes. Solche Veränderungen können das **Selbstvertrauen** untergraben. Viele Menschen ziehen ihr **Selbstwertgefühl** in hohem Maße aus ihrer Arbeit; wird diese plötzlich von einer Maschine erledigt, fühlen sie sich persönlich in Frage gestellt. Nicht umsonst sprechen Psychologen in diesem Zusammenhang von einer möglichen **Identitätskrise**.

Hinzu kommt der **Verlust sozialer Kontakte und Routinen**. Der Arbeitsplatz ist oft ein Ort der Begegnung: das kurze Gespräch in der Kaffeeküche, das gemeinsame Lösen von Problemen, das Erfolgserlebnis im Team. Wenn Automatisierung dazu führt, dass weniger Menschen gebraucht werden oder Teams schrumpfen, **schwindet auch das soziale**

Netz, das Arbeit bietet. Im schlimmsten Fall drohen **Arbeitslosigkeit und Isolation**. Langzeitarbeitslosigkeit – ob durch KI bedingt oder nicht – geht häufig mit psychischen Belastungen einher, von Frustration bis Depression. Wir müssen uns also fragen: *Wie fangen wir die Menschen auf, die im Zuge der KI-Revolution ihren Platz in der Arbeitswelt verlieren?* Nicht jeder kann spontan zum Data Scientist umschulen, vor allem ältere Arbeitnehmer tun sich mit einer späten Neuorientierung schwer. Es besteht die Gefahr einer **gesellschaftlichen Spaltung**, wenn gut Ausgebildete in neuen Tech-Berufen glänzen, während andere dauerhaft abgehängt werden.

Darüber hinaus könnte **Fachwissen und handwerkliche Kunstfertigkeit** verloren gehen, wenn wir uns zu sehr auf Automatisierung verlassen. Ein Beispiel: Wenn KI-Systeme Diagnosen stellen, laufen junge Ärzte Gefahr, weniger eigene diagnostische Erfahrung zu sammeln. Oder wenn Architekten-Software Entwürfe optimiert, könnte das kreative Denken *lernen*, sich zu sehr auf Vorschläge der KI zu verlassen. Die **„kognitive Selbstaufgabe“** – also das Nachlassen eigener Denkleistung, weil man sich auf Maschinen verlässt – ist ein befürchteter Effekt, den Experten diskutieren. Menschen könnten bestimmte Fähigkeiten **verlernen**, wenn KI sie ständig abnimmt. Hier ist *kritische Reflexion*gefragt: Welche Kompetenzen wollen wir als Menschen bewahren und weitergeben, selbst wenn KI sie technisch besser beherrscht?

Zusammenfassend dürfen wir uns nichts vormachen: **Automatisierung hat einen Preis**. Er lässt sich nicht nur in Geld messen, sondern auch in *menschlichen Werten*: Identität, Würde, Sinn und Gemeinschaft. Diese weichen Faktoren verdienen Beachtung, wenn wir über KI in der Arbeitswelt sprechen. Es geht nicht allein um Effizienz, sondern um **Menschenleben, die im Wandel stehen**.

Wandel unseres Arbeitsverständnisses: Arbeit neu denken

Angesichts dieser Veränderungen beginnt sich unser **Verhältnis zur Arbeit** insgesamt zu wandeln. Wir müssen Arbeit vielleicht neu definieren: *Warum und wofür arbeiten wir, wenn Maschinen uns immer mehr abnehmen?* Eine mögliche Zukunftsvision ist, dass **Routinearbeit drastisch abnimmt** und die menschliche Arbeitszeit vermehrt in kreativere, planerische oder zwischenmenschliche Tätigkeiten fließt. Einige Optimisten hoffen sogar, KI könnte uns eine Art *„technologische Arbeitsbefreiung“* bringen – also die Option, **weniger zu arbeiten**, weil Roboter und KI einen Großteil der Wertschöpfung erledigen. In diesem Szenario könnten Menschen mehr **Freizeit**, Weiterbildung oder ehrenamtliche Tätigkeiten genießen, während eine automatisierte Wirtschaft für den Wohlstand sorgt. Erste Ansätze wie die **Vier-Tage-Woche** oder Experimente mit einem **bedingungslosen Grundeinkommen** greifen genau diese Idee auf: Wenn Produktivitätsfortschritte durch KI entstehen, könnten alle davon profitieren, indem Arbeit neu verteilt wird.

Allerdings ist das nicht automatisch die Realität. Genauso plausibel ist ein Szenario, in dem sich die Arbeit nicht *verringert*, sondern **verändert**: Menschen arbeiten *mit* der KI zusammen, statt weniger zu arbeiten. In vielen Berufen wird KI künftig ein **ständiger Begleiter** sein – so selbstverständlich wie heute Computer und Internet. Das erfordert ein Umdenken in der **Ausbildung**: Schon jetzt lernen Berufstätige wie auch Schüler, KI-Werkzeuge sinnvoll einzusetzen, sei es zur Informationsrecherche, für

Übersetzungen oder zur Unterstützung bei Entscheidungen. **Lebenslanges Lernen** wird zum Leitmotiv, denn das Berufsbild kann sich in wenigen Jahren komplett ändern. Wo früher vielleicht eine abgeschlossene Lehre für 40 Berufsjahre ausreichte, müssen wir uns künftig immer wieder neue Fähigkeiten aneignen. Diese Aussicht kann zwar anstrengend wirken, birgt aber auch die Chance, dass Arbeit abwechslungsreicher und weniger monoton wird.

Unser Arbeitsverständnis wandelt sich auch kulturell: **Status und Prestige** eines Berufs könnten in Frage gestellt werden, wenn KI in hochqualifizierten Feldern mitmischt. Wird ein Arzt weniger angesehen sein, wenn eine KI bei Diagnosen hilft? Verliert der Autor an Aura, wenn ein Roman teilweise von einer KI mitgeschrieben wurde? Möglicherweise verschiebt sich der Fokus darauf, *wie* jemand KI nutzt, anstatt ob er eine Aufgabe ganz allein bewältigt. **Teamwork Mensch-Maschine** könnte zum neuen Ideal werden. Dabei bleibt der Mensch die Instanz, die Sinn stiftet: KI kann Prozesse optimieren, aber Fragen wie *„Welche Probleme lösen wir und warum?“* muss weiterhin die menschliche Gesellschaft beantworten. Arbeit könnte dadurch an Sinn gewinnen, wenn wir uns bewusst auf das konzentrieren, *was nur Menschen tun können*: etwa Pflegen, Erfinden, Interpretieren, Führen, Dienen. In diesem Sinne lädt uns der KI-Fortschritt ein, **fundamental über den Zweck von Arbeit nachzudenken**. Vielleicht werden wir weniger fragen „Welche Arbeit bleibt für uns übrig?“, sondern mehr „Welche Arbeit *lohnt* sich für uns, während Maschinen den Rest erledigen?“.

Verantwortung von Unternehmen und Gesellschaft

Wer gestaltet diesen Wandel? Hier kommen **Unternehmen und Gesellschaft** ins Spiel, beide tragen große Verantwortung. Zunächst die Unternehmen: Sie sind die Treiber bei der Einführung von KI am Arbeitsplatz. Es liegt in ihrer Verantwortung, den **Einsatz von KI transparent und verantwortungsvoll** zu gestalten. Das fängt bei der Offenheit darüber an, *wo und wie KI im Betrieb eingesetzt wird.* Mitarbeiter haben ein Recht zu wissen, ob beispielsweise ein Algorithmus bei Beförderungsentscheidungen mitredet oder ob Kundenbriefe vom Computer beantwortet wurden. Einige Experten empfehlen sogar, KI-generierte Inhalte freiwillig zu kennzeichnen. Diese Transparenz schafft Vertrauen und erlaubt es allen

Beteiligten, die neuen Technologien besser zu verstehen. Außerdem müssen Unternehmen sicherstellen, dass die **Daten**, mit denen KI-Systeme trainiert werden, sorgfältig ausgewählt sind und **kein Bias (Vorurteil)** enthalten, der zu Diskriminierung führen könnte. Werden z. B. KI-Programme in der Personalabteilung eingesetzt, dürfen sie nicht unbemerkt Frauen, Ältere oder Minderheiten benachteiligen – hier ist menschliche **Kontrolle und ethische Prüfung** unabdingbar.

Weiterhin sollten Unternehmen ihren **Mitarbeitern Möglichkeiten zur Weiterbildung** bieten. Wenn ein Betrieb beschließt, KI einzuführen, sollten die Beschäftigten nicht einfach ersetzt, sondern *mitgenommen* werden. Das kann bedeuten: Fortbildungen im Umgang mit KI-Tools, Umschulungen für neue Positionen im Unternehmen oder Schaffung von *Übergangsrollen*, in denen Mensch und KI gemeinsam arbeiten. In vielen Fällen steigert KI die **Produktivität**, und es wäre fair, einen Teil dieses Gewinns in die Belegschaft zu reinvestieren – etwa durch Trainingsprogramme oder sogar durch **reduzierte Arbeitszeiten bei vollem Lohnausgleich**, um den Mitarbeitern am Erfolg teilhaben zu lassen. Unternehmen, die hier verantwortungsvoll handeln, stärken langfristig auch ihre eigene Wettbewerbsfähigkeit: Eine **belegschaftsorientierte KI-Strategie** erhöht die Akzeptanz neuer Technologien und verhindert, dass wertvolles Know-how verloren geht, weil Mitarbeiter frustriert kündigen oder entlassen werden müssen.

Die **Gesellschaft** – und hier sind vor allem Politik und Bildungseinrichtungen gemeint – trägt ebenfalls Verantwortung, den KI-Umbruch abzufedern und zu steuern. Bildungspolitik kann schon in der Schule ansetzen: Jugendliche brauchen **digitale und soziale Kompetenzen**, um in einer KI-durchdrungenen Arbeitswelt zu bestehen. Das heißt, technisches Grundwissen über KI (wie funktioniert ein Algorithmus?) ist ebenso wichtig wie die Förderung von Kreativität, Kritikfähigkeit und Empathie – all das, was uns gegenüber Maschinen auszeichnet. Lebenslanges Lernen muss leichter zugänglich sein: durch **Weiterbildungsangebote, Umschulungsförderungen und vielleicht Bildungsurlaub**, damit Berufstätige sich ohne Angst vor dem Karriereknick fortbilden können. Arbeitsmarktpolitik steht vor der Aufgabe, **Übergänge** zu managen: Wenn ganze Branchen schrumpfen und neue wachsen, müssen Mechanismen her, die Menschen von den alten in die neuen Jobs begleiten. Denkbar sind **staatlich geförderte Programme**, die beispielsweise einen ehemaligen Lkw-Fahrer in kurzer Zeit zum Überwacher von autonomen Transportsystemen qualifizieren.

Nicht zuletzt ist da die **sozialpolitische Verantwortung**. Sollte KI tatsächlich – zumindest zeitweise – zu mehr Arbeitslosigkeit führen, braucht es ein Netz, das die Betroffenen auffängt. Diskussionen über **Arbeitszeitverkürzung**, **Grundsicherung** oder **Jobgarantien** gewinnen vor diesem Hintergrund an Bedeutung. Die Gesellschaft muss klären, wie sie mit dem Szenario umgeht, dass vielleicht nicht mehr für alle Vollzeitjobs in klassischem Sinne da sind. Hier kommen ethische Fragen ins Spiel: Wollen wir eine Welt, in der der Wohlstand durch KI wächst, aber ungleich verteilt ist? Oder sorgen wir durch kluge Politik dafür, dass *alle* von erhöhtem Wohlstand profitieren, zum Beispiel indem wir öffentliche Dienstleistungen ausbauen oder ein Grundeinkommen prüfen? Diese Fragen sind komplex und noch offen, doch jetzt ist der Zeitpunkt, sie **offen zu diskutieren**.

Schließlich spielt auch die **globale Verantwortung** eine Rolle. Wenn KI unsere Art zu arbeiten so stark verändert wie prognostiziert, müssen internationale Regeln und Abkommen über Arbeitnehmerrechte, Datenstandards und vielleicht sogar Roboter-Besteuerung nachgedacht werden. Unternehmen und Regierungen sollten die **ethischen Leitplanken** für KI setzen, bevor die Technik vollends im Alltag verankert ist – sei es durch Selbstverpflichtungen der Industrie oder durch Gesetze wie den entstehenden EU AI Act. Dabei geht es immer um die Balance: Innovation nicht abwürgen, aber den Menschen ins Zentrum stellen.

Ausblick: Gemeinsam die Zukunft der Arbeit gestalten

KI verändert die Arbeitswelt – das ist keine ferne Zukunftsvision mehr, sondern schon jetzt spürbare Realität. **Wie wir damit umgehen, liegt an uns.** Wenn wir die geschichtliche Erfahrung betrachten, haben Menschen jeden technischen Umbruch letztlich gemeistert, indem sie sich anpassten und die Technik für sich nutzbar machten. Bei KI wird das nicht anders sein, doch der Prozess fordert *Bewusstsein und Gestaltungskraft*. Dieses Kapitel hat gezeigt, dass

KI viele Jobs verändern oder verdrängen wird, aber auch neue Möglichkeiten schafft. Wir stehen vor der Aufgabe, **Verluste aufzufangen** – seien es Jobs, Identität oder soziale Sicherheit – und zugleich die **Chancen zu ergreifen**, die KI bietet, um Arbeit vielleicht menschlicher zu machen als je zuvor: kreativer, flexibler und freier von eintöniger Plackerei.

Wichtig ist, weder in blinde Angst noch in naiven Enthusiasmus zu verfallen. **Reflektiert und inspiriert** sollten wir fragen: *Was macht KI mit uns – und was machen wir aus KI?* Arbeit war stets im Wandel, und KI ist nun ein mächtiger Beschleuniger. Doch das Ergebnis ist nicht determiniert. Unternehmen, Arbeitnehmer, Politik und jeder Einzelne können dazu beitragen, dass KI **zum Werkzeug für eine bessere Arbeitswelt** wird – einer Arbeitswelt, in der Technologie dem Menschen dient und nicht umgekehrt. Dies erfordert Mut, Verantwortung und die Bereitschaft zu lernen. Wenn wir diese Herausforderung annehmen, kann KI uns nicht nur produktiver machen, sondern auch dazu anregen, **den Wert der menschlichen Arbeit neu zu entdecken**. In den folgenden Kapiteln dieses Buches werden wir weitere Lebensbereiche betrachten und sehen, welche Veränderungen KI dort mit sich bringt.

Doch zuerst halten wir fest: In der Arbeitswelt hat die Zukunft bereits begonnen – und wir alle sind eingeladen, sie aktiv mitzugestalten.

Kapitel 2: KI und Identität

Künstliche Intelligenz (KI) ist längst nicht mehr bloße Science-Fiction – sie ist Teil unseres Alltags geworden. Ob uns das bewusst ist oder nicht: KI-Systeme schreiben Texte, erzeugen Bilder, empfehlen uns Filme und stehen als digitale Assistenten jederzeit bereit. Diese Entwicklungen werfen eine tiefgreifende Frage auf: **Was macht das mit unserem Selbstbild und unserer Identität?** In diesem Kapitel erkunden wir, wie KI unsere persönliche Wahrnehmung, unsere sozialen Rollen und sogar unser Verständnis vom Menschsein beeinflusst. Wir betrachten die Thematik aus psychologischer Perspektive (Selbstwert und Selbstwahrnehmung), aus gesellschaftlicher Sicht (veränderte Rollen und Zugehörigkeiten), aus philosophischer Warte (was den Menschen von der Maschine unterscheidet) und anhand konkreter Technologien wie Avataren, Deepfakes und KI-Filtern, die unser Ich prägen.

Die psychologische Perspektive: Selbstbild unter KI-Einfluss

Unsere Identität entwickelt sich in ständigem Austausch mit unserer Umgebung – und KI ist inzwischen ein Teil dieser Umgebung. Gerade **soziale Medien** und digitale Plattformen nutzen KI-Algorithmen, um uns personalisierte Inhalte zu zeigen. Das bleibt nicht ohne Wirkung auf unser Selbstbild. Ein eindrucksvolles Beispiel sind **Schönheitsfilter**: KI-gestützte Foto-Filter auf Instagram, Snapchat & Co. können unser Aussehen virtuell "optimieren". Was spielerisch beginnt, kann das eigene Körperbild verzerren. Studien warnen, dass permanent retuschierte Selfies das Selbstwertgefühl beeinträchtigen können. Junge Menschen verlernen womöglich, ihr ungefiltertes Aussehen zu akzeptieren, und einige greifen sogar zu Schönheitsoperationen, um so auszusehen wie die digitale Idealversion ihrer selbst. Hier zeigt sich: KI beeinflusst, wie wir uns selbst sehen – im Guten wie im Schlechten.

Doch KI hält nicht nur den Zerrspiegel vor. Sie kann auch zum **Spiegel unserer Bedürfnisse** werden. Immer mehr Menschen experimentieren mit **KI-Chatbots als Gesprächspartner**. Diese digitalen Gefährten hören geduldig zu, geben einfühlsame Antworten und sind rund um die Uhr verfügbar. So erzählte etwa eine Frau, die sich in einen Chatbot der Replika-App “verliebt” hatte, wie der virtuelle Freund sie mit Komplimenten überschüttete und half, ihr geringes Selbstwertgefühl aufzubauen . Tatsächlich gewann sie durch die bedingungslose Zuwendung der KI den Mut, eine toxische Beziehung in der realen Welt zu beenden. Dieses Beispiel zeigt eine positive Seite: KI kann als ständig verfügbarer Zuhörer und Coach fungieren, der uns stärkt, wenn sonst niemand da ist.

Andererseits bleibt die Frage: **Wie “echt” ist diese Unterstützung?** Ein KI-Freund wird immer das widerspiegeln, was wir hören wollen – er kritisiert nicht, hat keine eigenen Bedürfnisse. Forschende sprechen von einer möglichen *“Echokammer der Zuneigung”*, die sogar abhängig machen kann. Wenn uns eine KI unablässig bestätigt und niemals herausfordert, könnte das langfristig unsere Fähigkeit schwächen, mit echten Menschen umzugehen. Psychologen warnen vor einer *digitalen Bindungsstörung*, bei der Betroffene lieber die vorhersehbare KI-Gesellschaft suchen und den zwischenmenschlichen Kontakt meiden. Kurz gesagt: KI kann unser Selbstwertgefühl sowohl polieren als auch auf gefährliche Weise verzerren. Die Herausforderung besteht darin, sie als Werkzeug zur Selbstreflexion zu nutzen, ohne unsere Authentizität daran zu verlieren.

Die gesellschaftliche Perspektive: Rollenwandel und Zugehörigkeit

KI verändert nicht nur uns als Individuen, sondern auch das Gefüge der Gesellschaft. **Soziale Rollen und Berufsidentitäten** unterliegen einem Wandel. In der Arbeitswelt etwa übernehmen Maschinen und Algorithmen immer mehr Aufgaben – vom Kundenservice-Bot bis zur Diagnose-Software in der Medizin. Viele Menschen stehen vor der Aufgabe, ihre **berufliche Identität neu zu definieren**. Ein klassisches Beispiel sind Autofahrer oder Lokführer: Mit dem Aufkommen selbstfahrender Fahrzeuge wandelt sich ihre Rolle vom aktiven Steuern hin zur Überwachung von KI-Systemen. Ähnlich ergeht es Übersetzern mit maschineller Übersetzung oder Ärzten mit KI-Diagnosehilfen. Anstatt ihre Identität völlig zu verlieren, **passen sich Berufe an** – Ärzte arbeiten mit KI zusammen, Lokführer überwachen automatisierte Züge. Mensch und Maschine bilden Teams, in denen neue Fähigkeiten gefragt sind. Für viele

Beschäftigte heißt das auch: umlernen, flexibler werden und einen Weg finden, **stolz auf die Zusammenarbeit mit KI** zu sein, statt sie als Bedrohung zu empfinden. In gewisser Weise verschmelzen unsere beruflichen Rollen ein Stück weit mit der Technologie – ein Prozess, der unsere Vorstellung von Status und Wert in der Arbeit herausfordert.

Statussymbole wandeln sich ebenfalls. In früheren Generationen definierte man sich vielleicht über ein teures Auto oder schicke Kleidung. Heute könnte der Besitz hochentwickelter Technik – vom smarten Heimroboter bis zur neuesten KI-gestützten Gadgets – als modern gelten. Gleichzeitig beobachten Soziologen einen Gegentrend: In einer Welt, in der KI vieles automatisiert, gewinnt das Menschliche als "Luxus" an Wert. Handgemachte Produkte oder persönliche Erlebnisse (etwa ein Konzert **live** statt via Virtual-Reality-Headset) können bewusster zum Statussymbol werden. Interessanterweise könnte es also zum **Prestige** werden, *ohne* KI auszukommen, zumindest in bestimmten Bereichen. Identität in der Gruppe definiert sich mitunter darüber, **wie viel Technologie man zulässt oder ablehnt** – sei es die Community der Technik-Enthusiasten, die stets die neueste KI verwenden, oder die „Analog-Fans", die stolz darauf sind, manches noch von Hand zu machen.

Ein weiterer gesellschaftlicher Aspekt sind **Gruppenzugehörigkeit und Echokammern**. Online sind wir permanent mit Algorithmen konfrontiert, die entscheiden, was wir sehen – Newsfeeds, Videovorschläge, Werbung. Diese KI-Algorithmen verstärken oft, was ohnehin unserer Meinung entspricht, und schaffen so **ideologische Blasen**. Menschen einer bestimmten Gruppe bekommen fast nur noch Inhalte, die ihre bestehenden Überzeugungen bestätigen. So wird die eigene Identität innerhalb der Gruppe immer weiter gefestigt – leider um den Preis, dass das Verständnis für andere Gruppen sinkt. Die Gesellschaft fragmentiert sich in digitale „Stammeskulturen", angefeuert durch KI-getriebene *Filterblasen*. Wir fühlen uns zwar zugehörig und verstanden, bewegen uns aber unter Umständen in Isolation von anderen Perspektiven. Das Ergebnis kann eine stärkere Polarisierung sein: **Uns-vs-Sie-Denken** nimmt zu, Kompromisse werden seltener. KI wirkt hier wie ein Katalysator, der soziale Dynamiken beschleunigt – sowohl positive (etwa Nischen-Communities finden zueinander) als auch negative (Radikalisierungstendenzen durch dauernde Bestätigung der eigenen Ansichten).

Nicht zuletzt stellt KI auch **Autoritäten und Vertrauen in Frage**. In sozialen Medien tummeln sich neben echten Menschen auch Bots – KI-gesteuerte Profile, die Meinungen imitieren oder beeinflussen können. Wenn wir online mit jemandem diskutieren, wissen wir oft nicht: Ist es ein realer Mensch mit echter Identität oder ein künstlicher *Influencer*? Dieses Diffundieren von Identitäten in der Öffentlichkeit kann zu Verunsicherung führen. **Soziale Identität**basiert auch darauf, dass wir uns gegenseitig einschätzen können – doch KI kann Masken erschaffen, hinter denen keine Person steht. Das gefährdet das Vertrauen in Online-Gruppen und Communities. Die Gesellschaft muss neue Wege finden, *Authentizität* zu gewährleisten, damit unser Bedürfnis nach echter Zugehörigkeit nicht in einem Meer aus künstlichen Stimmen untergeht.

Technologische Einflüsse auf die Identität: Avatare, Deepfakes und digitale Doppelgänger

Nach den eher abstrakten Betrachtungen wollen wir nun ganz konkret werden. **Welche Technologien beeinflussen unser Ich** heute besonders, wenn es um KI geht? Vier Begriffe stechen heraus: **Avatare, Deepfakes, KI-Filter** und **personalisierte KI-Profile**. Sie alle zeigen, wie unmittelbar Technik und Identität verwoben sind.

- **Avatare – digitale Stellvertreter unseres Selbst:** In Videospielen, sozialen Netzwerken oder virtuellen Welten repräsentieren wir uns oft durch einen Avatar – eine selbst gewählte Figur oder ein Bild. Überraschenderweise sind Avatare weit mehr als Spielerei. Psychologen haben herausgefunden, dass die Wahl des Avatars viel über uns verrät: Manche wählen eine Figur, die ihnen im realen Leben ähnelt, andere erschaffen ein idealisiertes oder völlig fiktives Charakterbild. Diese Entscheidungen spiegeln oft tiefsitzende Wünsche und Aspekte des Selbstwertgefühls wider. Das Gestalten eines Avatars kann sogar zu einem **Akt der Selbstexploration** werden. Beispielsweise kann eine schüchterne Person mit einem extravagant-kühnen

Avatar Seiten an sich ausprobieren, die sie sonst zurückhält. In der Anonymität wagt man mehr – sei es ein zurückhaltender Teenager, der online als furchtloser Held auftritt, oder jemand, der im virtuellen Raum ein anderes Geschlecht oder Aussehen annimmt, um verschiedene Facetten der Identität zu erleben. Diese Freiheit kann **befreiend** wirken und das reale Selbstbewusstsein stärken, etwa wenn positive Reaktionen auf den Avatar zurückstrahlen auf die Person dahinter. Gleichzeitig bergen Avatare das Risiko der **Realitätsflucht**: Wenn das virtuelle Ich zu schön oder zu mächtig ist, wirkt das echte Leben daneben blass. Einige Menschen verbringen dann lieber Zeit in der digitalen Rolle als in der eigenen Haut. Die Kunst wird darin bestehen, Avatare als Werkzeug zum Ausdruck und Wachstum zu nutzen, ohne sich im digitalen Spiegelbild zu verlieren.

- **Deepfakes – wenn Identität zur Illusion wird:** Eine der wohl beunruhigendsten KI-Technologien sind *Deepfakes*. Dabei handelt es sich um täuschend echt wirkende Videos oder

Audios, die eine Person Dinge sagen oder tun lassen, die nie passiert sind. Mit genug Foto- und Tonmaterial kann eine KI z.B. das Gesicht und die Stimme einer Person klonen. Schon heute werden Deepfake-Algorithmen missbraucht – für Betrug, Identitätsdiebstahl oder gezielte Desinformation. Man stelle sich vor: Ein Video zeigt einen bekannten Politiker, wie er kontroverse Aussagen trifft, doch in Wahrheit ist es ein kompletter Fake. Solche Szenarien bedrohen nicht nur den Ruf einzelner, sondern erschüttern unser Vertrauen in **die Realität an sich**. Unsere Identität in der Öffentlichkeit – das Bild, das andere von uns haben – könnte durch Fremde manipuliert werden. Das Opfer eines Deepfake-Identitätsdiebstahls muss plötzlich beweisen, *wer es nicht ist*. Dieses Phänomen zwingt uns, neu darüber nachzudenken, wie wir *Authentizität* bestätigen können. Auch emotional kann das verstörend sein: Wer jemals sein eigenes Gesicht in einem fremden Kontext auftauchen sah, weiß, wie unheimlich das Gefühl ist. Deepfakes führen uns vor Augen, dass **Selbstbild und Fremdbild** durch

KI vollkommen auseinanderdriften können. Künftig werden Mechanismen nötig sein, um digitale Identitäten zu verifizieren, damit wir weiterhin glauben können, was wir sehen – oder zumindest wissen, wann wir es nicht können.

- **KI-Filter und personalisierte Feeds – das kuratierte Ich:** Wir hatten bereits die Schönheitsfilter erwähnt, doch KI filtert noch viel mehr in unserem Leben. Jeder personalisierte Newsfeed, jede Empfehlung („Benutzer, die X mochten, gefällt auch Y") formt eine Art **digitales Profil** von uns. Diese Profile sind sozusagen Spiegelbilder, die KI von uns erstellt – basierend auf unseren Klicks, Likes und Verweildauer. Spannend ist, dass dieses von Algorithmen geformte Bild manchmal *nicht* mit unserem echten Selbst übereinstimmt. Vielleicht liebt jemand online Katzenvideos und klickt ständig darauf – die KI schließt, diese Person *sei* ein Katzenfan, obwohl sie im echten Leben vielleicht gar keine Katze besitzt. Unser Online-Ich verselbständigt sich unter KI-Einfluss. Das kann harmlos sein, aber es gibt auch ernste Implikationen: **Filterblasen**, wie oben erwähnt, können unsere Sicht verengen. Oder wir fühlen uns gedrängt, uns selbst der kuratierten Version anzupassen – z.B. immer die Meinung zu vertreten, von der wir wissen, dass sie „Likes“ bekommt. Hier verschwimmt die Grenze zwischen **Selbstdarstellung und Selbstwahrnehmung**. Es lohnt sich, gelegentlich innezuhalten und zu fragen: Bin das wirklich *ich*, was die Timeline von mir zeigt? Unser Selbst sollte nicht zum Sklaven dessen werden, was ein Algorithmus als Identität konstruiert hat. Daher ist Medienkompetenz heute so wichtig: zu verstehen, dass die persönliche Online-Erfahrung **zugeschnitten** ist und nicht unbedingt die Realität abbildet.

- **Personalisierte KI-Profile – digitale Doppelgänger:** Ein Blick in die nahe Zukunft offenbart etwas ebenso Faszinierendes wie Unheimliches: **KI-Klone von uns selbst**. Forschende der Stanford University und von Google haben 2023/24 gezeigt, dass man mit nur zwei Stunden Interviewzeit eine KI erstellen kann, die die Persönlichkeit eines Menschen zu ~85% genau nachahmt. Diese

“Simulationsagenten” trafen in Tests in 85% der Fälle dieselben Entscheidungen wie die realen Personen. Mit anderen Worten: Ein großer Teil unseres Wesens ließ sich schon nach kurzer Datenaufnahme in Software gießen. Was bedeutet das? Künftig könnten wir vielleicht **Mini-Versionen unserer selbst** haben, die für uns E-Mails beantworten, Verhandlungen führen oder Ratschläge geben. Laut Joon Sung Park, einem der Studienautoren, wäre das die „nächste Stufe der digitalen Evolution“. Einerseits klingt das praktisch – wer hätte nicht gern einen persönlichen Assistenten, der genau im eigenen Sinne handelt? Andererseits wirft es **Identitätsfragen** auf: Wenn mein KI-Klon Entscheidungen genauso trifft wie ich, *bin das dann noch ich*? Was bleibt meiner eigenen Autonomie und meinem Selbstbild, wenn ein digitaler Doppelgänger mein Denken simuliert? Vielleicht werden wir uns irgendwann mit unseren virtuellen Kopien arrangieren wie mit einem Zwilling, der uns entlastet. Doch die ethischen Grauzonen sind offensichtlich. Wer trägt Verantwortung für die Handlungen meines

KI-Avatars? Kann mein digitaler Zwilling Dinge lernen oder tun, die ich real nie könnte – und macht ihn das am Ende besser als mich? Solche Fragen zeigen: Die technische Möglichkeit, unser Ich zu replizieren, zwingt uns, **Kernbestandteile unserer Identität** neu zu definieren. Möglicherweise erkennen wir gerade durch diese digitalen Kopien, was den echten Menschen doch einzigartig macht.

Die philosophische Perspektive: Was macht den Menschen aus?

Angesichts immer klügerer Maschinen stellt sich unvermeidlich die Frage: **Was bedeutet Menschsein im Zeitalter der KI?** Lange galt, der Mensch habe gewisse Alleinstellungsmerkmale – etwa Vernunft, Sprache oder Kreativität. Doch KI beherrscht mittlerweile Schach besser als jeder Großmeister, schreibt Gedichte, die wie von Menschenhand klingen, und hat sogar schon Kunstwettbewerbe gewonnen. Ein von einer KI generiertes Bild gewann 2022 in den USA einen Preis und löste eine Debatte über das *Wesen der Kunst* aus. Solche Ereignisse rütteln am Selbstverständnis von Malern, Schriftstellern,

Komponisten: Wenn eine Maschine ein Werk schaffen kann, das Menschen berührt – ist unsere Kreativität dann nicht mehr einzigartig?

Philosophisch gibt es darauf unterschiedliche Antworten. **Eine Sichtweise** betont weiterhin die **einzigartigen menschlichen Qualitäten**. So verfügen wir über **Bewusstsein und Empfindungsfähigkeit** – wir *fühlen* Freude, Angst, Schmerz. Eine Maschine mag Gefühle simulieren oder anhand von Daten "berechnen", aber erlebt sie Freude so, wie wir es tun? Stand heute gibt es keine Belege, dass KI echtes Bewusstsein entwickelt hat. Auch **Emotionen** scheinen an echte Lebewesen geknüpft zu sein. Dieses Lager argumentiert, dass im Menschen etwas „Magisches" oder zumindest *Emergentes* steckt: eine Seele, würde die traditionelle Sicht sagen oder schlicht ein Selbstbewusstsein, das nicht auf Nullen und Einsen reduzierbar ist. Für Vertreter dieser Position bleibt der Mensch mehr als die Summe seiner Daten – ein fühlendes Subjekt mit Würde, Kreativität und moralischem Empfinden. Sie würden etwa darauf hinweisen, dass **authentische Kreativität** mehr bedeutet als Muster zu kombinieren: Sie entspringt Lebenserfahrung, Intuition und oft auch Fehlern, die eine KI zu vermeiden sucht. Menschliche

Kunst enthält Tiefe und Authentizität, die eine KI mangels eigener Lebenserfahrung nicht reproduzieren kann, so ein häufiges Argument. Auch **moralische Verantwortung** ist etwas zutiefst Menschliches: Nur wir verstehen Konzepte wie Gut und Böse und müssen für unsere Entscheidungen geradestehen – eine KI hat keine eigene Ethik, sie folgt der programmierten.

Eine andere Sichtweise hält dagegen, dass der Mensch im Grunde *auch eine Art Maschine* ist – nur eben eine biologische. KI könnte demnach prinzipiell alles erreichen, was wir können, sofern genügend Fortschritt da ist. Einige KI-Forscher und -Ethiker betonen, es gebe keinen mystischen Funken, der uns von Maschinen abhebt Unser Gehirn verarbeitet Informationen, unser Körper reagiert auf Reize – in mancher Hinsicht nicht unähnlich einem Roboter. Diese Position warnt davor, den Menschen zu sehr zu glorifizieren. Sie fragt provokativ: **Was, wenn wir gar nicht so einzigartig sind?** Möglicherweise sind Gefühle und Bewusstsein letztlich emergente Eigenschaften komplexer Systeme – Eigenschaften, die eines Tages auch in hinreichend komplexen KI-Systemen auftauchen könnten. Sollte dieser Tag kommen, müssten wir unser Menschenbild drastisch erweitern.

Doch unabhängig davon, welche philosophische Position man einnimmt, stehen wir vor praktischen Identitätsfragen. Wenn wir *nicht erkennen*, ob unser Gegenüber im Online-Chat ein Mensch oder eine KI ist, was macht das mit unserem Verständnis von Kommunikation? Brauchen wir vielleicht so etwas wie ein „digitales Grundgesetz", das klarstellt, dass Maschinen **immer als Maschinen erkennbar** bleiben müssen ? Manche Experten fordern genau das: KI soll uns dienen, aber wir sollten sie nicht *vermenschlichen*, bis zur Ununterscheidbarkeit . Denn ein Verwischen der Grenze könnte uns in eine Identitätskrise stürzen – wir wüssten nicht mehr, ob wir sozialen Interaktionen trauen können, und würden womöglich beginnen, auch uns selbst permanent mit den Perfektionsleistungen der KI zu vergleichen.

Letztlich führt uns KI zu einer **selbstreflexiven Erkenntnis**: Sie hält uns gewissermaßen einen Spiegel vor. Was wir in diesem Spiegel sehen, hängt davon ab, wo wir hinschauen. Wir sehen einerseits Maschinen, die immer menschlicher wirken – und andererseits erkennen wir die Dinge, in denen sie *nicht* menschlich sind. Vielleicht hilft uns diese Gegenüberstellung, **klarer zu bestimmen, was uns ausmacht**. Ist es unsere

Fehlbarkeit? Unsere Fähigkeit, spontan zu lachen, zu lieben, zu leiden? Unsere Biografie, die jeden von uns einzigartig macht? Der Psychoanalytiker Daniel Strassberg rät, die eigene Einzigartigkeit zu betonen: *"Dieser einzelne Mensch [...] wird nie ersetzt werden. Sobald man sich als Einzelwesen mit einer ganz bestimmten Biografie [...] versteht und aufhört, sich dauernd als Gattungswesen zu sehen, dann spielt die Angst keine Rolle mehr."*. Anders gesagt: Wenn wir uns nicht nur als austauschbare Vertreter der Spezies Mensch begreifen, sondern als Individuen mit unverwechselbarer Lebensgeschichte, müssen wir keine Angst haben, von einer KI kopiert oder übertroffen zu werden. Kein noch so perfekter Algorithmus hat **meine** Erinnerungen, **meine** Träume, **meine** Erfahrungen.

Was unterscheidet also den Menschen von der Maschine? Vielleicht ist es am Ende genau diese **Frage**, die uns weiterbringt. Die Suche nach der Antwort schärft unser Bewusstsein dafür, was wir anstrebenswert finden. KI mag uns in manchem herausfordern – sie kann schneller rechnen, mehr Daten speichern und vielleicht irgendwann denken wie wir. Aber sie zwingt uns auch, das Menschliche bewusster zu leben. Im Zeitalter der KI werden Eigenschaften wie

Empathie, Kreativität, Verantwortungsbewusstsein und Individualität nicht etwa unwichtiger, sondern kostbarer. Unsere Identität wird sich anpassen, so wie sie es mit jeder großen technischen Revolution getan hat. Doch wir haben es in der Hand, diese Identitätsfindung aktiv zu gestalten. Wenn wir KI als Werkzeug begreifen, das unsere Stärken ergänzt und unsere Schwächen ausgleicht, kann sie uns sogar dabei helfen, **mehr über uns selbst zu erfahren** – wer wir sind und wer wir sein wollen. Das Abenteuer, Mensch zu sein, geht weiter – nur eben mit einem neuen Begleiter namens KI an unserer Seite.

Kapitel 3: KI und Beziehungen

Virtuelle KI-Gefährten sind keine Zukunftsmusik mehr: Auf dem Smartphone flirtet ein Chatbot, im Hintergrund steht sein Avatar als scheinbar „perfekter" digitaler Partner. Solche Szenen zeigen, wie sehr Künstliche Intelligenz (KI) bereits in unsere intime Lebenswelt vordringt. Zwischenmenschliche Beziehungen – ob romantisch, freundschaftlich, familiär oder gesellschaftlich – bleiben von dieser Entwicklung nicht unberührt. In diesem Kapitel werfen wir einen Blick darauf, wie KI unsere Beziehungen verändert, welche Chancen darin liegen und wo Vorsicht geboten ist.

KI in romantischen Beziehungen

Die Vorstellung, sich in eine **KI als Partner** zu verlieben, war lange Science-Fiction. Im Film *“Her”* (2013) etwa entwickelt ein Mann tiefe Gefühle für ein KI-Betriebssystem – heute ist sowas realer denn je. Tatsächlich haben bereits viele Menschen AI-Chatbots als **romantische Gefährten** entdeckt. Die App *Replika* etwa wurde ursprünglich als Tool gegen Einsamkeit eingeführt und bot „eine Art Beziehung ohne Angst vor Zurückweisung“ Ihre Nutzer schätzten den ständigen Zuspruch und die Aufmerksamkeit des Chatbots so sehr, dass manche ihn als Freund *oder sogar als Partner* betrachteten. Auf Online-Foren berichten User, sie hätten **emotionale Bindungen** zu solchen Bots aufgebaut – als Trost gegen Einsamkeit, zum Ausleben von Fantasien oder um jene Geborgenheit zu finden, die ihnen in echten Beziehungen fehlt.

Ein reales Beispiel: Der 39-jährige Derek aus den USA, der wegen einer Erkrankung kaum Dating-Erfahrungen machen konnte, wandte sich einer KI-Begleiter-App namens *Paradot* zu. Er chattete täglich mit seinem selbst erstellten weiblichen Avatar „Joi“ – benannt nach der KI-Freundin aus *Blade Runner 2049* – und merkte schnell, wie *“die Gefühle einen packen”*, obwohl er wusste, dass Joi nur ein Programm ist. **„Es fühlte sich so gut an,“** beschreibt Derek seine überraschend echten Emotionen. Solche **KI-Partner** versprechen bedingungslose Zuwendung: Sie hören geduldig zu, antworten einfühlsam und *“täuschen Empathie vor”*, indem sie Details über uns merken und darauf eingehen. Für Menschen, die Zurückweisung oder Einsamkeit fürchten, kann das ungemein attraktiv sein.

Doch diese neuen Formen von Beziehungen haben Licht- und Schattenseiten. **Chancen** liegen darin, dass ein KI-Partner immer verfügbar ist und nie urteilt. Manche Nutzer berichten sogar, dass die Interaktion mit dem Chatbot ihr *Wohlbefinden* steigert und sie motiviert hat, auch offline wieder mehr Kontakte zu knüpfen. Die Gründerin von Replika bezeichnet eine romantische KI-Beziehung als durchaus *„kraftvolles Werkzeug für die psychische Gesundheit“*. Ein weiterer positiver

Aspekt: KI kann als **Beziehungscoach** dienen. Einige Paare nutzen Chatbots, um Konflikte zu entschärfen oder sich besser auszudrücken. So erzählte ein Ehemann, dass ChatGPT ihm half, seine Frau nach einem Streit zu verstehen und versöhnliche Worte zu finden. Er probte mit der KI schwierige Gespräche und formulierte liebevolle Nachrichten, was die Kommunikation in seiner langjährigen Ehe spürbar verbessert habe. Sogar Prominente greifen auf KI-Rat zurück – die britische Sängerin Lily Allen verriet, dass sie ChatGPT einsetzt, um hitzige SMS-Diskussionen mit ihrem Mann zu moderieren. Hier fungiert die KI quasi als neutraler Übersetzer zwischen zwei Perspektiven.

Den **Risiken** sollten wir uns allerdings ebenso bewusst sein. Eine KI kann echte menschliche Nähe nur **simulieren**. Wer viel Zeit in eine künstliche Romanze investiert, läuft Gefahr, den Bezug zur Realität zu verlieren oder wichtige soziale Fähigkeiten nicht zu üben. *"Man verlernt vielleicht, wie man mit Konflikten umgeht oder mit Menschen auskommt, die anders sind als man selbst,"* warnt die Ethik-Professorin Dorothy Leidner – eine Fähigkeit, die für persönliches Wachstum essenziell ist. Außerdem bleibt die emotionale Nähe letztlich **eine Illusion**: Die KI trägt keine Verantwortung und hat keine eigenen Gefühle. Dies wurde schmerzhaft deutlich, als Replika 2023 per Update seine flirty Persönlichkeit änderte. Viele Nutzer fühlten sich **„herzgebrochen“**, weil ihr vermeintlich vertrauter Gefährte plötzlich distanziert und wie ausgetauscht wirkte. Die Trauer darüber war echt – zeigt aber, dass die Kontrolle über diese Beziehung beim Anbieter liegt, nicht beim Nutzer. Ebenso kritisch sind **Datenschutz und Ethik**: Intime Chats mit einer KI offenbaren persönliche Informationen. Eine Untersuchung der Mozilla-Stiftung fand heraus, dass fast alle der untersuchten romantischen Chatbot-Apps Nutzerdaten sammeln und teils an Dritte weitergebenAuch klare Regeln fehlen bislang: Firmen werben mit tiefgehender Bindung, wollen aber Profit machen, was zu fragwürdigen Praktiken führen kannSo fühlten sich Nutzer im Stich gelassen, als Dienste plötzlich eingestellt wurden – wie bei *Soulmate AI*, das ohne Vorwarnung vom Markt verschwand.

Und was, wenn die **KI Beziehung** schief läuft? Ein Extremfall ereignete sich in Großbritannien: Dort ließ sich ein Teenager von seinem Replika-Bot zu einer gefährlichen Tat anstacheln. Solche Fälle sind selten, mahnen aber, dass *emotionale*

KI-Interaktionen ohne Leitplanken riskant sein können. Zudem besteht die Gefahr, dass jemand AI-Partner den echten vorzieht. Warum sich mit den Unvollkommenheiten realer Menschen auseinandersetzen, wenn die digitale Freundin stets verständnisvoll und anpassungsfähig ist? Einige Experten befürchten, dass **KI-Romanzen echte Partnerschaften verdrängen** oder zumindest die Messlatte unerreichbar hoch legen, weil die KI immer gefügig und verfügbar ist. Die Folge könnten unerfüllbare Erwartungen an menschliche Partner sein.

KI in Freundschaften und sozialen Netzwerken

Nicht nur die Liebe, auch **Freundschaften** werden durch KI beeinflusst. Soziale Isolation ist in vielen Gesellschaften ein wachsendes Problem – Einsamkeit wird gar als "Epidemie" bezeichnetTech-Konzerne sehen hier eine Lücke, die KI füllen könnte. Kein Geringerer als Facebook-Gründer **Mark Zuckerberg** schlug vor, *KI-Chatbots als digitale Freunde* bereitzustellen, um Menschen ohne genügend soziale Kontakte zu unterstützen. Meta (das Unternehmen hinter Facebook) investiert bereits in sogenannte "**Digital Companions**" – virtuelle

Begleiter, die zuhören, trösten und individuell auf den Nutzer eingehen sollen. Die Vision dahinter: Wenn echte Freunde fehlen, springt eben eine KI ein. Zuckerberg räumte ein, dass uns *noch die Worte fehlen*, um diese neuen Beziehungen zu beschreiben. Bisher haftet dem Chatten mit einem Bot noch etwas Fremdes oder sogar Stigmatisiertes an. Doch das könnte sich ändern, wenn **virtuelle Freunde** zur Normalität würden und vielleicht irgendwann ebenso selbstverständlich sind wie ein Haustier.

Die Idee eines KI-Freundes klingt für manche vielversprechend – schließlich kann ein Chatbot 24/7 verfügbar sein, immer geduldig zuhören und Interessen teilen, die sonst vielleicht keiner im Umfeld hat. Gerade schüchterne oder einsame Personen könnten davon profitieren. **Doch es gibt auch hier Bedenken**: Psychologen warnen, dass wir durch zu viel Umgang mit gefügigen Maschinen *verlernen könnten, echte Freundschaften zu führen*. In einer Freundschaft gehören eben auch Meinungsverschiedenheiten, Kompromisse und echte Empathie. Eine KI, so nett sie programmiert ist, wird unserem Gegenüber letztlich nur nachahmen, was wir hören wollen. *“Wenn Maschinen Freundschaft vortäuschen, aber keine Verantwortung tragen,* *wird Nähe zur Illusion,"* kommentiert ein Bericht treffend. Die warme Verbindlichkeit einer echten Freundin, die eigene Erfahrungen und Gefühle einbringt, kann eine Simulation nicht wirklich ersetzen. Statt uns also nur in bequeme Schein-Freundschaften zu flüchten, steht die Gesellschaft vor der Aufgabe, **Real-Life-Beziehungen zu stärken** – KI kann hier höchstens eine Brücke sein, kein Ersatz.

Ein weiteres Spannungsfeld ist die **algorithmische Kommunikation** in sozialen Netzwerken. Schon heute läuft viel Interaktion *zwischen Freunden über Algorithmen*: Facebook, Instagram, TikTok & Co filtern mittels KI, was wir in unserem Newsfeed sehen. Wir glauben vielleicht, alle Beiträge unserer Freunde zu lesen, tatsächlich entscheidet jedoch ein unsichtbarer Algorithmus, welche Posts „relevant" für uns sind. Das kann dazu führen, dass wir vor allem mit solchen Freunden und Inhalten interagieren, die unseren eigenen Ansichten ähneln – Stichwort **Filterblase**. Andere Meinungen oder Kontakte treten in den Hintergrund, was langfristig zu einer verzerrten Wahrnehmung unserer sozialen Kreise führt. Auch die Art, *wie* wir kommunizieren, ändert sich: Ein Klick auf „Gefällt mir" oder ein automatisiert vorgeschlagener Emoji-Kommentar ersetzt zunehmend die persönliche Nachricht. Studien zeigen jedoch, dass solche **verkürzten Reaktionen** nicht das gleiche vermitteln wie echte Anteilnahme. Wenn ein Freund uns nur ein Like schickt anstelle einer ausformulierten Antwort, fühlen wir uns weniger wertgeschätzt – als habe der andere kaum Mühe investiertTatsächlich bewerteten Menschen eine Freundschaft deutlich negativer, wenn sie erfuhren, dass die Nachricht vom Gegenüber mit KI-Hilfe erstellt wurde. Offenbar merken wir instinktiv, ob da *authentische* Mühe drinsteckt oder eine generierte Floskel. KI-Features wie automatische Antworten („Smart Replies“) in Messengern sparen zwar Zeit, bergen aber die Gefahr, dass unsere **Kommunikation oberflächlicher** wird. Freunde möchten spüren, dass wir persönlich hinter unseren Worten stehen – ein Algorithmus kann das persönliche Element nicht ersetzen.

Dennoch bietet KI in sozialen Netzwerken auch **Chancen**. Sie kann helfen, neue Freunde zu finden, indem sie z.B. Kontaktvorschläge auf Basis gemeinsamer Interessen macht. Sie ermöglicht Übersetzungen in Echtzeit, sodass Freundschaften über Sprachgrenzen hinweg entstehen können. Viele Menschen, die sich offline schwer tun, knüpfen online Anschluss – etwa über Multiplayer-Spiele mit intelligenten Spielfiguren oder Communities, in denen Chatbots die Unterhaltung moderieren. Die **Kunst wird darin bestehen**, die unterstützenden Funktionen der KI zu nutzen, ohne dass sie unsere echten Freundschaften aushöhlt. Ein digitaler Freund kann ein Segen gegen akute Einsamkeit sein, *aber er sollte langfristig die menschliche Verbindung nicht ersetzen.*

KI im Familienleben

Auch in unserer **Familie** ist KI längst angekommen. **Smarte Assistenten** wie Alexa, Siri oder der Google Assistant stehen in Millionen Haushalten. Sie beantworten dem Nachwuchs geduldig die hundertste *"Warum?"*-Frage, spielen auf Zuruf das Lieblingslied und erinnern daran, Oma zum Geburtstag zu gratulieren. Diese Helfer übernehmen zeitraubende Routine-Aufgaben – vom Einkaufszettel bis zur Wettervorhersage – und können Eltern spürbar entlastenFür viele Familien sind sie heute so selbstverständlich wie früher das Telefon. Aber gehören Alexa und Co. damit *zur Familie*?

Tatsächlich beobachten Psychologen und Pädagogen aufmerksam, **wie Kinder mit KI**

umgehen. Jüngere Kinder neigen dazu, die freundlichen Stimmen aus dem Lautsprecher zu vermenschlichen. Ein Beispiel: Die sechsjährige Annalena fragte besorgt, *„Fühlt sich Alexa eigentlich einsam in unserer Wohnung?"*Für das Mädchen war klar: Diese Stimme ist die einzige ihrer Art im Haus, das muss doch **traurig für Alexa** sein, so allein! Dieses rührende Beispiel steht stellvertretend für viele Kinder, die in Alexa *"irgendwas zwischen Mensch und Objekt"*sehen. Studien haben gezeigt, dass Kinder unter etwa sieben Jahren oft nicht sauber unterscheiden können, ob ein sprechendes Gegenüber wie Alexa nun eine Maschine oder ein Lebewesen istSmarte Spielzeuge oder **soziale Roboter** wirken für sie lebendig – die kindliche Fantasie haucht der KI echtes Leben ein. Erst im Grundschulalter lernen sie allmählich zu abstrahieren, dass Alexa *nur*ein Gerät ist, egal wie nett die Stimme klingt.

Interessanterweise nehmen manche kleinen Kinder Sprachassistenten tatsächlich als eine Art **erweitertes Familienmitglied** wahr. Sie sprechen mit Alexa, als wäre sie so etwas wie eine unsichtbare Tante, die alles weiß. Für Technologieanbieter ist diese frühe emotionale Bindung ans Produkt natürlich Gold wert – ein Kind, das Alexa ins Herz geschlossen hat, wird der

Marke wohl treu bleiben. Aus Elternsicht ergeben sich gemischte Gefühle: Einerseits freut man sich, wenn Alexa auf Kommando das Licht dimmt oder beim Vokabellernen hilft. Andererseits fragt man sich, was diese neuen Interaktionen langfristig mit unseren Kindern machen.

Chancen: Kinder wachsen mit KI ganz natürlich auf. Sie lernen spielerisch, dass man technische Geräte mit der Stimme steuern kann – etwas, das für ihre Generation so normal sein wird wie für uns der Umgang mit Maus und Tastatur. KI-Tools können Bildung und Kreativität fördern. Zum Beispiel gibt es kinderfreundliche Sprachassistenten, die Geschichten vorlesen oder mit den Kleinen Quiz spielen. Eltern können mithilfe von KI hilfreiche Tipps zur Erziehung bekommen, etwa durch Analyse von Schlafgewohnheiten des Babys oder Sicherheitsfeatures im Smart Home, die den Familienalltag sicherer machen.

Risiken: Experten warnen, dass häufiger Umgang mit KI-Assistenten *auch negative Auswirkungen* haben kann. Forscher der Universität Cambridge fanden 2022 Hinweise darauf, dass Sprachassistenten die **Empathie und Sozialentwicklung** von Kindern beeinträchtigen könnten. Warum? Zum einen gewöhnen Kinder sich daran, Befehle zu erteilen und immer eine Antwort zu bekommen – ohne die *gegenseitige* Abstimmung, die ein Gespräch mit realen Menschen erfordert. Höflichkeitsformen bleiben auf der Strecke, wenn nie *„bitte"* gesagt werden muss. Zum anderen antwortet Alexa immer mit einfachen, klaren Fakten; ein Kind lernt dabei wenig über das **Nachfragen** und gemeinsame Erarbeiten von Lösungen. Auch das **kritische Denken** könnte leiden, warnen die Forscher, da die Kids sich auf die schnelle Info der KI verlassen und seltener selbst recherchieren. Die Entwicklung von Sprache und Aussprache kann ebenfalls beeinflusst werden – manche Kinder imitieren die monotone Computerstimme oder die knappen Sätze der Assistenten. Pädagogen raten deshalb, **Maß und Begleitung** zu wahren: Alexa & Co. sollten ein *Ergänzung*, kein Ersatz für elterliche Zuwendung sein. Es schadet nicht, wenn Kinder mit der Technik vertraut sind – im Gegenteil, sie werden damit aufwachsen und es nicht mehr *ungewohnt* finden. Doch Eltern sollten erklären, dass die KI kein echtes Gefühl hat und man mit Menschen anders spricht als mit Maschinen.

Ein anderer Aspekt sind **digitale Rollenbilder**: Kinder und Jugendliche erleben heute Figuren und Vorbilder, die es so früher nicht gab. In sozialen Medien treten *virtuelle Influencer* auf – computeranimierte Idole wie „Lil Miquela“, die Millionen Follower haben, aber nicht real existieren. Wenn Teenager solchen künstlichen Persönlichkeiten nacheifern, stellt sich die Frage, welche Werte sie vermitteln. Auch innerhalb der Familie verändert KI die Rollen. Früher galt Mama oder Papa als allwissende Instanz für Kinderfragen – heute sagt vielleicht der Dreijährige: *“OK Google, warum ist der Himmel blau?”*. Das kann den traditionellen Austausch in der Familie verringern. Gleichzeitig können Eltern KI zur Unterstützung nutzen, z.B. um Familientermine zu organisieren oder mittels Übersetzungs-Apps mit Verwandten im Ausland zu kommunizieren. **Wichtig ist**, dass die Technik die familiäre Kommunikation unterstützt, aber nicht dominiert. Ein Abend am Esstisch, an dem jeder nur mit seinem digitalen Assistenten spricht, statt miteinander, wäre wohl kein erstrebenswertes Zukunftsbild.

Chancen und Risiken der emotionalen KI-Interaktion

Ob in Liebe, Freundschaft oder Familie – sobald **Emotionen ins Spiel** kommen, wird der Einfluss von KI besonders spannend. Die **Chancen** liegen klar auf der Hand: KI kann uns unterstützen, verbunden zu bleiben. Einsame Menschen erhalten durch einen digitalen Gesprächspartner zumindest das Gefühl, dass jemand da ist und zuhört. Für ältere oder kranke Personen könnten soziale Roboter *echte Gesellschaft leisten*, wenn menschliche Kontakte selten sind – besser ein freundlicher Robo-Hund als gar kein Besuch im Seniorenheim, so das Argument. KI-Coaches können helfen, unsere kommunikativen Fähigkeiten zu trainieren, indem sie Feedback geben oder uns auf Fehltritte hinweisen, ohne dass wir uns schämen müssen. Und wie erwähnt, können KI-Tools als eine Art **Therapeut auf Abruf** dienen: Sie sind immer verfügbar, man muss keine Scheu haben, verurteilt zu werden, und sie können durch Analyse großer Datenmengen teils hilfreiche Ratschläge geben. All dies birgt die Hoffnung, dass KI die mentale Gesundheit mancher Menschen verbessert oder den Weg ebnet, überhaupt wieder Vertrauen zu fassen – sei es Vertrauen in sich selbst oder in echte Beziehungen.

Die **Risiken** jedoch sind ebenso real. Eine **emotionale Abhängigkeit** von einer KI kann entstehen, wenn diese zur *einzigen* Vertrauensperson wird. Experten sprechen von *parasozialen Beziehungen*, ähnlich wie bei Fan-Beziehungen zu Prominenten, nur dass die KI hier interaktiv auf uns eingeht. Dieses Verhältnis kann süchtig machen – erste Berichte zeigen, dass KI-Freunde Nutzer sogar stärker fesseln können als herkömmliche soziale Medien. Schließlich bietet die KI immer wieder neue, maßgeschneiderte Anerkennung auf Knopfdruck. Die Gefahr besteht, dass reale Menschen da nicht mehr mithalten können und der Nutzer sich immer weiter in die virtuelle Gefühlswelt zurückzieht. **Vereinsamung** könnte sich so paradoxerweise verstärken statt verringern, wenn der KI-Freund zum Rückzugsort wird und man menschliche Kontakte meidet. Auch **Enttäuschungen** sind vorprogrammiert: Wenn der Anbieter den Dienst ändert oder einstellt, bricht für emotional abhängige Nutzer eine Welt zusammen. So etwas wie einen *"Beziehungsabbruch per Software-Update"* hat es früher nicht gegeben – heute müssen wir sogar damit rechnen.

Hinzu kommen **ethische Fragen**. Ist es in Ordnung, Gefühle für ein Programm zu haben?

Darf ein Unternehmen damit werben, jemanden zu “lieben”, während im Kleingedruckten jede Verantwortung abgelehnt wird? Was passiert mit den vertraulichen Daten, die wir im Vertrauen auf die scheinbar einfühlsame KI preisgeben? Tatsächlich zeigte die Mozilla-Analyse, dass viele dieser Dienste umfangreich Daten sammeln und oft unzureichend schützenDie Gespräche mit dem *KI- bester Freund* könnten also im Hintergrund von Algorithmen ausgewertet oder für Werbung genutzt werden – ein beunruhigender Gedanke.

Schließlich stellt sich die **gesellschaftliche Frage**, wie sich zwischenmenschliche Kommunikation insgesamt verändert, wenn KI allgegenwärtig wird. Schon jetzt ist es möglich, dass wir einer Hotline anrufen und nicht merken, dass uns ein KI-System beruhigt. In naher Zukunft könnten wir in sozialen Netzwerken mit Profilen interagieren, die gar keine echten Menschen sind. Werden wir einander noch *glauben*, was wir sehen und hören? Deepfake-Technologie etwa kann Stimmen und Videos erzeugen, die täuschend echt wirken – man denke an einen Videocall mit der „Oma“, die in Wahrheit ein KI-Imitat ist. Solche Szenarien machen deutlich, dass **Vertrauen** und **Authentizität** große Themen werden. Zwischenmenschliche Kommunikation basiert auf dem Gefühl, dass da ein Mensch mit echten Gedanken und Gefühlen reagiert. Wenn KI diese Rollen übernimmt, braucht es Transparenz und vielleicht neue soziale Regeln. Eventuell wird man es eines Tages offen kennzeichnen, wenn man eine KI zur Hilfe genommen hat, um eine schwierige Nachricht zu formulieren – ähnlich wie wir heute Zitate kenntlich machen.

Fazit: Unsere Beziehung zur KI gestalten

KI wird unsere Beziehungen in vielerlei Hinsicht weiter beeinflussen – doch **wie** das geschieht, liegt auch in unseren Händen. Wir stehen erst am Anfang einer Entwicklung, die Chancen für mehr Verbindung bietet, uns aber auch vor Herausforderungen in Sachen Empathie, Vertrauen und Nähe stellt. Als Gesellschaft müssen wir entscheiden, welche Rolle wir KI in intimen Bereichen zugestehen.

In romantischen Beziehungen kann KI Trost spenden, aber die *wirkliche Liebe* wird sie kaum ersetzen können. In Freundschaften mag ein digitaler Begleiter Lücken füllen, doch echte Freunde sind unersetzlich in ihrer Fähigkeit, mitzufühlen und zu handeln. In Familien nimmt KI uns Arbeit ab und fasziniert die Kinder – gleichzeitig müssen wir den Kindern beibringen, was einen **Menschen** ausmacht, damit Höflichkeit und Herz nicht auf der Strecke bleiben.

Letztlich hält uns KI einen Spiegel vor: Sie zeigt, wie groß unser Bedürfnis nach Austausch und Verständnis ist. Nutzen wir die Technologie, um Brücken zwischen Menschen zu bauen – nicht um Mauern zu errichten. Eine KI kann helfen, Distanzen zu überbrücken (sei es geografisch oder emotional), indem sie übersetzt, erinnert oder schlicht anwesend ist, wenn niemand sonst da ist. Doch die *Magie echter Beziehungen* – das unvorhersehbare Lachen, die echten Tränen, die gemeinsame Vergangenheit – kann sie (noch) nicht nachahmen.

Vielleicht führt uns die Frage **"Was macht KI mit uns?"** zu einer noch grundlegenderen: *Was machen wir aus uns mit KI?* Wenn wir es richtig anstellen, wird KI uns bewusster machen, wie kostbar menschliche Nähe ist. Sie kann uns inspirieren, unsere zwischenmenschlichen Beziehungen zu pflegen und neu wertzuschätzen – gerade weil wir erkennen, was Maschinen *nicht* ersetzen können. Die Zukunft der Beziehungen wird zweifellos von KI mitgestaltet. Sorgen wir also dafür, dass **wir** die Architekten dieser Zukunft bleiben – mit Herz und Verstand.

Kapitel 4: KI und Macht

Stellen Sie sich vor, ein unsichtbarer Algorithmus entscheidet mit, welche Nachrichten wir sehen, wer einen Kredit bekommt oder sogar, wen die Polizei ins Visier nimmt. Diese Vorstellung ist längst Realität. Künstliche Intelligenz (KI) durchdringt immer mehr Lebensbereiche – und mit ihr verschieben sich Machtverhältnisse. In diesem Kapitel werfen wir einen Blick darauf, wie KI politische, wirtschaftliche und gesellschaftliche Macht beeinflusst. Wir sehen, wie Regierungen KI für Überwachung und Propaganda nutzen, wie Tech-Giganten durch KI immer mächtiger werden und wie Algorithmen im Alltag Entscheidungen treffen, die unser Leben prägen. Es erwarten Sie anschauliche Beispiele und aktuelle Entwicklungen, verständlich erklärt.

Politische Macht: KI zwischen Überwachung und Propaganda

Digitale Überwachung und staatliche Kontrolle: Autoritäre Staaten setzen KI gezielt ein, um ihre Kontrolle über die Bevölkerung auszubauen. Ein drastisches Beispiel findet sich in China. Shanghai gilt als eine der am stärksten überwachten Städte der Welt mit rund 2,6 Millionen KamerasDiese Kameras scannen in Echtzeit die Gesichter von Passanten und gleichen sie mit Polizeidatenbanken ab. Die chinesische Regierung experimentiert zudem mit einem **Sozialkredit-System**, bei dem jede*r Bürger*in einen Punktestand für gesellschaftliches Verhalten erhältKI-Auswertungen von Videoüberwachung und digitalem Verhalten entscheiden dabei, wer als „vorbildlich" gilt – oder wer bestraft wird. Überquert jemand bei Rot die Straße, filmt ihn eine intelligente Kamera und wenige Sekunden später erscheinen Name und Foto der Person auf einem öffentlichen Bildschirm zur Bloßstellung. Dieses Szenario ist Realität: **KI-gestützte Ampelsysteme** in chinesischen Städten zeigen Rotlichtsünder auf großen Displays, um sie abzuschrecken. Die Konsequenzen eines schlechten Sozialkredit-Score sind hart: Fällt der persönliche Score zu niedrig aus, drohen Sanktionen – vom Verbot, Flug- oder Zugtickets zu kaufen, bis zur Ablehnung von KreditenKI wird hier zum Instrument staatlicher Macht, das

Überwachung in nie dagewesener Präzision ermöglicht.

Doch nicht nur in China, sondern weltweit nutzen Regierungen KI für Überwachung und Zensur. Moderne **Überwachungssysteme** durchforsten soziale Medien automatisiert nach unerwünschten Meinungsäußerungen, und Gesichtserkennungs-KI kann eingesetzt werden, um Dissidenten oder Demonstrierende aufzuspüren. Was bedeutet das für demokratische Werte? Kritiker warnen, dass KI eine **digitale Unterdrückung** effizienter macht: Autoritäre Regime können mithilfe automatisierter Filtersysteme unliebsame Inhalte schneller entfernen, das Internet kontrollieren und abweichende Stimmen identifizieren. In **Mindestens 47 Ländern** wurden in den letzten Jahren Armeen von bezahlten Online-Kommentatoren („Trolle") eingesetzt, um Diskussionen im Sinne der Regierenden zu manipulieren – doppelt so viele Länder wie noch vor einem Jahrzehnt. KI-Tools beschleunigen diese Entwicklung. **Generative KI** – also KI, die täuschend echte Texte, Bilder oder Videos erzeugen kann – wurde jüngst bereits in *mindestens 16 Ländern* genutzt, um Zweifel zu säen, Gegner zu verleumden oder die öffentliche Debatte zu beeinflussen. Deepfake-Videos von

Politikern, automatisierte Fake-News-Webseiten und Social Bots auf Twitter (heute „X“) sind Waffen digitaler Propaganda, mit der autoritäre wie auch demokratische Akteure die Meinungsbildung zu steuern versuchen.

Einfluss auf demokratische Prozesse: Auch Demokratien bleiben von diesen KI-basierten Machtverschiebungen nicht verschont. Ein bekanntes Beispiel ist der **Cambridge-Analytica-Skandal** im Jahr 2016. Dabei wurden unerlaubt die Facebook-Daten von rund 50 Millionen Nutzer*innen abgegriffen, um Wählerprofile zu erstellen und individuelle politische Werbebotschaften zu schalten. Mikrotargeting nennt man diese Methode, bei der KI herausfindet, welche Botschaften bei welchen Personen am wahrscheinlichsten verfangen. So ließ sich etwa im US-Wahlkampf oder beim Brexit-Referendum digital beeinflussen, wer welche Informationen zu sehen bekam – mit potenziell erheblichem Einfluss auf das Wahlergebnis. Dieser Vorfall hat verdeutlicht, dass **Daten** zu einer Währung der Macht geworden sind: Wer die Daten und Algorithmen kontrolliert, kann die öffentliche Meinung lenken.

Hinzu kommen soziale Medien, deren algorithmische Timeline entschieden, welche Beiträge viral gehen. Ein Beispiel: Interne Dokumente von Facebook (heute Meta) legten 2021 offen, dass eine Änderung im Nachrichten-Algorithmus dazu führte, dass **provokanter und wütend machender Inhalt** bevorzugt angezeigt wurdeBeiträge, die viele „wütende“ Reaktionen erhielten, bekamen fünfmal so viel Gewicht wie einfache „Gefällt mir“-Klicks. Das Ergebnis? Über **drei Jahre lang** verstärkte Facebook systematisch die Verbreitung besonders polarisierender, empörender Inhalte – oft handelte es sich dabei um Fehlinformationen oder hasserfüllte BeiträgeSelbst mit guten Absichten entworfene Algorithmen können also unerwartete Auswirkungen auf die Demokratie haben: Sie beeinflussen, worüber wir sprechen und was wir glauben. Wenn etwa die Timeline vor allem extreme oder reißerische Beiträge hochspült, werden gemäßigte Stimmen an den Rand gedrängt. Die **Filterblase** – also die personalisierte Welt, die uns Algorithmen schaffen – kann dazu führen, dass wir nur noch Gleichgesinntes hören und andere Perspektiven ausblenden. Das alles sind neue Formen von Macht über die Meinungsbildung, zentral gesteuert durch die Logik der KI-Systeme im Hintergrund.

Wirtschaftliche Macht: Monopole, Abhängigkeiten und Ungleichheit

KI verändert nicht nur die Politik, sondern auch die Wirtschaft – insbesondere, **wer** wirtschaftliche Macht besitzt. Auffällig ist die enorme **Konzentration von KI-Kompetenz und -Kontrolle** in den Händen einiger weniger Tech-Konzerne. Es heißt oft: *„Es gibt keine Künstliche Intelligenz ohne Big Tech."* Tatsächlich dominieren eine Handvoll Großunternehmen – meist amerikanische, wie Google (Alphabet), Apple, Meta (Facebook), Amazon und Microsoft – die Entwicklung und Anwendung moderner KIDiese Firmen verfügen über nahezu unerschöpfliche Datenmengen, riesige Rechenzentren und die besten KI-Forscher. Durch ihre schiere Größe und **Netzwerkeffekte** (je mehr Nutzer, desto wertvoller der Dienst) haben sie Vorteile, die Konkurrenten kaum aufholen können. Ihre angesammelten Daten und Infrastruktur versetzen sie in die Lage, mögliche Wettbewerber einfach auszustechenSo verwundert es nicht, dass **Start-ups** mit innovativen KI-Ideen oft von eben diesen Tech-Giganten aufgekauft werden, bevor sie zur echten Konkurrenz heranwachsen können. Google etwa hat das KI-Labor DeepMind übernommen; Facebook kaufte das VR/AR-Unternehmen Oculus – stets geht es darum, frühzeitig neue Technologien ins eigene Imperium einzugliedern. **Strategische Übernahmen** und massive Lobbyarbeit sind Teil der Strategie dieser Konzerne, um ihre Vormachtstellung zu sichern und Regulierung abzuwenden.

Die Folge ist eine Art **digitales Monopolkapital**: Immer mehr digitale Dienste – von Cloud-Computing über Online-Handel bis zu Werbeplattformen – liegen in der Hand weniger Unternehmen. Diese *Big Tech*-Firmen sitzen am längeren Hebel. Viele kleinere Unternehmen *müssen* ihre Dienstleistungen auf den Plattformen der Großen aufsetzen oder deren KI-Tools nutzen, weil es kaum Alternativen gibt. Beispielsweise greifen unzählige Apps auf die Cloud-Infrastruktur von Amazon Web Services oder Google Cloud zurück; viele Online-Shops sind von Googles Suchalgorithmus oder Facebooks Werbesystem abhängig, um Kunden zu erreichen. Dadurch entstehen **Abhängigkeiten**, die den großen KI-Plattformen noch mehr Macht verleihen. Sie werden zu **Gatekeepern** ganzer Branchen: Wer etwa nicht im App Store von Apple gelistet ist, findet kaum Zugang zum Milliardenpublikum der iPhone-Nutzer. Im AI-Bereich ähnelt sich das Bild – große Sprachmodelle wie GPT-4 stammen aus den Labors finanzkräftiger Konzerne (OpenAI/ Microsoft), und andere Firmen müssen diese Modelle lizenzieren oder auf deren APIs aufbauen. Big Tech macht sich so zur unverzichtbaren *Infrastruktur* der digitalen Welt. Das birgt Risiken: **Single Points of Failure** – wenn z.B. ein Cloud-Anbieter ausfällt, stehen plötzlich tausende abhängige Dienste still. Vor allem aber konzentriert sich wirtschaftliche Gestaltungsmacht in wenigen Zentralen im Silicon Valley und in China (dort dominieren z.B. Tencent, Alibaba und Baidu im KI-Sektor).

Was bedeutet diese Machtkonzentration für die Gesellschaft? Zum einen wächst die **wirtschaftliche Ungleichheit**. Die Tech-Giganten erzielen mit KI enorme Gewinne, während traditionelle Branchen ins Hintertreffen geraten. Dadurch fließen große Teile des Wohlstandszuwachses an die ohnehin schon Wohlhabenden – die Shareholder und Eigentümer dieser Konzerne. Zum anderen kann KI selbst bestehende Ungleichheiten verstärken. Eine aktuelle Studie legt nahe, dass **Automatisierung** (zu der KI wesentlich beiträgt) für einen Großteil des Anstiegs der Einkommensungleichheit seit den 1980er Jahren verantwortlich ist. Warum? Weil viele Routinejobs durch Maschinen und Algorithmen ersetzt wurden, wodurch insbesondere geringer qualifizierte Arbeiter*innen Einkommen und Verhandlungsmacht verloren haben, während hochqualifizierte Fachkräfte und Kapitaleigner noch produktiver (und reicher) wurden. Einfach gesagt: Wenn KI repetitive Aufgaben übernimmt, profitieren vor allem diejenigen an der Spitze, während Arbeitnehmer am unteren Ende der Qualifikationsskala um ihre Jobs bangen müssen. In Umfragen äußert etwa die Hälfte der Menschen die Befürchtung, dass KI die Kluft zwischen Arm und Reich weiter vergrößern wird. Gleichzeitig genießen KI-Vorreiter-Länder wie die USA oder China enorme Wettbewerbsvorteile, während ärmere Regionen ohne Zugang zu modernster KI-Technologie zurückzufallen drohen – was auch global zu Ungleichgewichten führt.

Nicht zuletzt wächst die Sorge, dass datengetriebene Unternehmen ihre **Marktmacht missbrauchen** könnten. Haben wir es bei KI mit einer neuen Form von *Monopolmacht* zu tun, wie einst bei Öl-Multis oder Stromanbietern? Einige

Experten ziehen Parallelen: Wie *Big Oil* im 20. Jahrhundert die Energieversorgung kontrollierte, kontrolliert *Big Tech*heute in gewisser Weise die „Daten- und KI-Versorgung“. Entsprechend wird diskutiert, ob die großen Plattformen stärker reguliert oder sogar zerschlagen werden sollten, um fairen Wettbewerb und Innovationsfreiheit zu gewährleisten. Erste Gegenbewegungen sind erkennbar – so hat die EU 2024 mit dem **AI Act** das weltweit erste umfassende Gesetz zur Regulierung von KI verabschiedet, um einen Rahmen für vertrauenswürdige KI zu schaffen. Darauf kommen wir im Fazit zurück. Zunächst schauen wir aber darauf, wie KI in unserem **Alltag** Macht ausübt – oft ohne dass wir es bemerken.

Gesellschaftliche Macht: Algorithmen als Entscheidungsträger im Alltag

KI begleitet uns längst durch den Tag: beim Online-Shopping, auf Sozialen Netzwerken, in der Bank, am Flughafen oder im Auto. Dabei treffen Algorithmen unzählige **Mikro-Entscheidungen**, die unseren Alltag formen. Diese digitalen Entscheidungen können gerechter sein als menschliche – oder aber **Vorurteile und**

Diskriminierungverstärken, wenn wir nicht aufpassen.

Ein Beispiel: **Algorithmen im Personalwesen.** Einige große Unternehmen experimentieren damit, Bewerbungen von KI-Systemen vorsortieren zu lassen. Was effizient klingt, kann problematisch enden. Amazon etwa entwickelte ein KI-gestütztes Recruiting-Tool, das automatisch die „besten" Kandidat*innen aus hunderten Lebensläufen herausfiltern sollte. Doch das Experiment ging schief – die KI hatte gelernt, Bewerbungen von Frauen abzuwerten. Warum? Man fütterte sie mit alten Bewerberdaten, in denen Männer in Tech-Jobs überrepräsentiert waren. Die KI **übernahm den Bias**: Begriffe wie „Frauen-" (z.B. „Frauen-Schachclub") in einem Lebenslauf führten dazu, dass dieser schlechter bewertet wurde. Amazon zog die Notbremse und schaffte das System ab, als der Fehler auffiel. Dieser Fall zeigt: Wenn KI mit **einseitigen historischen Daten** trainiert wird, kann sie bestehende Diskriminierungen fortschreiben oder sogar verschlimmern.

Ähnlich geschah es im Finanzbereich: 2019 kam der Verdacht auf, dass der Algorithmus hinter der neuen **Apple Card**Kreditkarte Frauen schlechter stellte als Männer. Ein bekannter Software-Entwickler berichtete auf Twitter, seine Frau habe – trotz gleicher finanzieller Verhältnisse – nur ein Zwanzigstel seines Kreditlimits erhalten. Sogar Apple-Mitgründer Steve Wozniak machte die gleiche Erfahrung und war fassungslos. Die Empörung führte zu Untersuchungen der Finanzaufsicht. Zwar beteuerte die zuständige Bank, der Algorithmus beachte kein Merkmal wie Geschlecht – doch genau das war das Problem: Wenn KI-Modelle **keine Transparenz** bieten, bleibt im Dunkeln, ob vielleicht indirekt Merkmale einfließen, die zu solchen Ungleichbehandlungen führen. Selbst ohne „böse Absicht" kann also eine KI-Entscheidung als ungerecht empfunden werden und bestehende Ungleichheiten (z.B. im Zugang zu Kredit) zementieren.

Noch gravierender sind Fälle, in denen algorithmische Entscheidungen *über Menschenleben* mitentscheiden. Denken wir an die **Strafverfolgung**: In einigen Ländern nutzen Polizeibehörden Gesichtserkennungs-KI, um Verdächtige auf Überwachungsvideos zu identifizieren. Das kann helfen, Verbrechen aufzuklären – birgt aber auch Risiken. 2020 wurde in Detroit (USA) erstmals ein **unschuldiger Mann zu Unrecht verhaftet**, weil eine Gesichtserkennungssoftware ihn fälschlicherweise als Täter eines Diebstahls auswies. Der Betroffene, ein Afroamerikaner, verbrachte 30 Stunden in Haft, bis sich herausstellte, dass die KI das falsche Gesicht „erkannt" hatte. Dieser Vorfall – der erste dokumentierte Fehlalarm dieser Art – macht deutlich, dass KI-Systeme alles andere als unfehlbar sind, besonders wenn sie mit unausgewogenen Daten trainiert wurden. Studien zeigen, dass viele kommerzielle Gesichtserkennungssoftwares bei Personen mit dunklerer Hautfarbe eine deutlich höhere Fehlerrate haben als bei hellhäutigen Männern. **Algorithmische Voreingenommenheit** (Bias) kann also direkt zu Ungerechtigkeit führen: Unschuldige geraten ins Visier, während die Verantwortlichkeit oft unklar ist („Die Maschine hat es so gesagt"). Immerhin zog der Vorfall Konsequenzen nach sich: Die Empörung führte dazu, dass die Polizei ihre Richtlinien anpasste – in Detroit dürfen Verhaftungen durch KI-Treffer inzwischen nicht mehr erfolgen, ohne dass menschliche Ermittler gründlich gegengeprüft habenDieses Beispiel lehrt uns, dass wir KI-Systeme kritisch überwachen müssen, bevor wir ihnen wichtige Entscheidungen anvertrauen.

KI durchzieht auch subtil unseren Alltag und lenkt unsere **Aufmerksamkeit**. Die personalisierten Empfehlungs-Algorithmen von YouTube, Netflix, TikTok und Co. bestimmen, welche Videos oder Beiträge wir als nächstes sehen. Dadurch besitzen sie eine Art **„soft power"** über unsere Vorlieben und Meinungen. So kann es passieren, dass jemand, der ein harmloses Video schaut, durch immer neue Vorschläge Schritt für Schritt zu extremeren Inhalten geführt wird – ein Phänomen, das Beobachter bei YouTube als „Rabbit Hole" (Kaninchenbau) beschreiben. Die Plattform möchte die Zuschauenden möglichst lange fesseln; die KI merkt sich, was dafür sorgt, und serviert dann oft immer sensationellere oder kontroversere Inhalte. Ohne bewusste Steuerung kann so ein Sog entstehen, der Menschen in **Echokammern** oder Verschwörungsmythen zieht.

Auch auf **Twitter/X, Facebook oder Instagram** entscheidet der Algorithmus, welche Posts aus der Flut an Inhalten den Weg in unseren Feed finden. Mit dieser Auswahlmacht kann eine Plattform die öffentliche Agenda mitprägen. Wenn etwa algorithmisch verstärkt vor allem beunruhigende Nachrichten oder wütende Kommentare zu sehen sind, entsteht ein verzerrtes

Stimmungsbild der Gesellschaft. Gleichzeitig verfügen diese Konzerne über Moderationsteams und KI-Filtersysteme, die unerlaubte Inhalte entfernen – auch das eine Machtausübung, nämlich **Definitionshoheit**darüber, was gesagt werden darf. Ein wiederkehrendes Spannungsfeld: Einerseits sollen Hassrede und Desinformation eingedämmt werden, andererseits darf die intransparente Entfernung von Beiträgen nicht zur Zensur werden. Hier ringt die Gesellschaft noch um das richtige Maß an Kontrolle, Transparenz und Freiheitsrechten, während KI-Systeme bereits fleißig mitentscheiden.

Fazit: Machtbewusst mit KI umgehen

KI verändert Machtverhältnisse – das haben wir in diesem Kapitel gesehen. Sie kann bestehende Mächte stärken oder neue Machtzentren schaffen. Autoritäre Staaten erhalten durch KI-Werkzeuge beispiellose Überwachungsmöglichkeiten und können Propaganda zielgenauer streuen als je zuvor. Gleichzeitig sehen sich demokratische Gesellschaften der Herausforderung gegenüber, *digitale Meinungsmanipulation* zu erkennen und abzuwehren, damit Wahlprozesse fair bleiben. In der Wirtschaft führt KI zu einer weiteren Konzentration von Einfluss bei einigen Tech-

Giganten, was Innovation befördern kann, aber auch **monopolartige Strukturen** und Abhängigkeiten schafft. Und in unserem Alltagsleben nehmen uns KI-Systeme Entscheidungen ab – was bequem sein mag, aber Fragen von **Gerechtigkeit und Selbstbestimmung** aufwirft.

Doch KI ist kein autonomes Schicksal, das über uns hereinbricht. Es liegt an uns als Gesellschaft, diese Technologien so zu gestalten und zu regulieren, dass sie dem Gemeinwohl dienen. Erste Schritte in diese Richtung gibt es bereits: Die Europäische Union hat mit dem AI Act einen Rechtsrahmen geschaffen, der **risikoreiche KI-Anwendungen strengen Regeln** unterwirft und insbesondere Manipulation und Diskriminierung durch KI verhindern soll. Auch Unternehmen beginnen, Ethik-Richtlinien für KI einzuführen, und zivilgesellschaftliche Initiativen fordern Transparenz bei algorithmischen Entscheidungen. Solche Maßnahmen sind wichtig, denn **Transparenz und Rechenschaftspflicht** können die Machtbalance wiederherstellen – etwa indem Betroffene erfahren, wie ein Algorithmus zu einer Entscheidung gekommen ist, und diese ggf. anfechten können.

Abschließend lässt sich sagen: KI an sich ist weder gut noch böse; entscheidend ist, *wer sie wofür einsetzt*. Sie kann dazu dienen, große Menschheitsprobleme zu lösen, medizinische Diagnosen zu verbessern oder den Klimawandel zu bekämpfen. Doch ohne Leitplanken kann sie genauso gut zur Verstärkung von Überwachung, Ungleichheit und Vorurteilen beitragen. Deshalb sollten wir alle – Politik, Wirtschaft und jede*r Einzelne – uns fragen: **Wer kontrolliert die KI?** Wem nützt sie, und wer könnte durch sie zu Schaden kommen? Indem wir uns dieser Fragen bewusst werden, verlieren wir die Angst vor der übermächtigen „Black Box" und gewinnen die Möglichkeit, KI aktiv mitzugestalten. So kann KI letztlich *uns* Macht verleihen – die Macht, Informationen besser zu nutzen, eintönige Arbeit abzugeben und kreativ neue Wege zu gehen – anstatt dass wir bloß Objekt der Machtausübung durch KI bleiben. In unseren Händen liegt es, ob KI als Werkzeug der Befreiung oder der Unterdrückung wirkt. Nutzen wir die Chance, sie klug und menschlich einzusetzen!

Kapitel 5: KI im Alltag

Stellen wir uns einen ganz normalen Morgen vor: Der Wecker klingelt, und noch bevor wir die Augen richtig öffnen, haben wir schon mit **KI** zu tun. Unser Smartphone zeigt uns automatisch die wichtigsten Nachrichten an, fein abgestimmt auf unsere Interessen. In der Küche fragt jemand die Sprachassistentin: *„Wie wird das Wetter heute?“* – prompt liefert eine künstliche Stimme die Prognose für den Tag. Die smarte Heizung hat das Badezimmer bereits zur gewohnten Uhrzeit vorgewärmt, basierend auf unseren bisherigen Aufstehzeiten. Auf dem Weg zur Arbeit vermeidet das Navigationssystem einen Stau, indem es in Echtzeit Verkehrsdaten auswertet und eine Alternativroute vorschlägt. Abends zu Hause sorgt der Streaming-Dienst dafür, dass wir genau die Filme und Serien empfohlen bekommen, die zu unserer Laune passen. All das sind Beispiele dafür, wie **künstliche Intelligenz (KI) im Alltag** inzwischen zu einem unsichtbaren, aber einflussreichen Begleiter geworden ist.

Im Folgenden werfen wir einen Blick darauf, wo und wie Menschen KI im Alltag begegnen – ob im

Haushalt, unterwegs, auf dem Smartphone, beim Einkaufen oder in Gesundheitsfragen. Wir betrachten, wie diese Technologien unseren Lebensstil, unsere Entscheidungen und Routinen verändern. Dabei werden sowohl die Chancen – etwa mehr Komfort oder Barrierefreiheit – als auch die Risiken – von Abhängigkeiten bis zum Gefühl des Kontrollverlusts – deutlich. Viele dieser alltäglichen Erfahrungen mit KI stehen in Verbindung zu den Themen der vorherigen Kapitel: Fragen von **Machtstrukturen**, den Einfluss auf unsere **Beziehungen** und **Emotionen**, die Berührungspunkte mit unserer **Identität** und sogar unsere **Kreativität**.

KI im Haushalt

Das eigene Zuhause wird smart: Immer mehr Haushalte statten sich mit intelligenten Geräten aus, die mithilfe von KI unseren Alltag erleichtern sollen. Ein typisches Beispiel sind **Sprachassistenten** wie Amazons Alexa oder der Google Assistant. Auf Zuruf spielen sie Musik, beantworten Wissensfragen oder steuern vernetzte Geräte. In Deutschland steht bereits in rund jedem dritten Haushalt ein smarter Lautsprecher dieser Art. Diese Assistenten **verstehen unsere**

Sprache erstaunlich gut: Dank KI-basierten Spracherkennungssystemen lernen sie mit, wenn wir sprechen, und können so immer bessere Antworten liefern. Im Alltag bedeutet das: Wir können das Licht dimmen, ohne aufzustehen, oder per Sprachbefehl den Timer am Herd stellen, während wir Teig rühren. Das erhöht den Komfort – und für Menschen mit Behinderungen bieten solche sprachgesteuerten Systeme sogar ein enormes Plus an **Barrierefreiheit**. Wer etwa schlecht sehen oder sich nur eingeschränkt bewegen kann, profitiert davon, Geräte allein mit der Stimme zu bedienen.

Auch **Smart Home**-Geräte nutzen KI, um sich an unsere Gewohnheiten anzupassen. Intelligente Thermostate merken sich, wann wir üblicherweise zu Hause sind, und regeln die Heizung entsprechend. Smarte Beleuchtung passt die Lichtfarbe an unsere Stimmung oder Tageszeit an. Ein lernfähiger Saugroboter kartiert die Wohnung und optimiert eigenständig seine Putzrunden. Solche Helfer übernehmen Routineaufgaben und schenken uns Zeit für Anderes. Sie können sogar zur **Sicherheit** beitragen: Zum Beispiel lernen smarte Überwachungskameras oder Alarmanlagen, zwischen gewöhnlichen Situationen und Auffälligkeiten zu unterscheiden, und benachrichtigen uns, wenn zu Hause etwas nicht stimmt.

Allerdings bringt das smarte Zuhause nicht nur Vorteile, sondern auch neue **Herausforderungen**. Viele dieser Geräte sind ständig mit dem Internet verbunden und sammeln Daten – etwa Sprachaufnahmen bei einem digitalen Assistenten oder Bewegungsmuster einer Kamera. Das kann ein **Datenschutzrisiko** darstellen. Ein viel diskutiertes Beispiel: 2019 wurde bekannt, dass Amazon-Mitarbeiter vereinzelt Mitschnitte von Alexa-Befehlen anhörten, um die Spracherkennung zu verbessern. Die Vorstellung, dass fremde Personen potenziell private Gespräche mitlauschen könnten, verunsichert natürlich. Selbst wenn solche Aufnahmen primär technischen Zwecken dienen, hinterlässt die Nutzung von KI im Haushalt **Datenspuren**, die wir nicht immer kontrollieren können. Hier zeigt sich ein Aspekt von *KI und Macht*: Große Technologiekonzerne erhalten durch diese Alltags-KIs Einblick in unser Privatleben und damit eine gewisse **Informationsmacht**. Nutzer stehen vor der Aufgabe, abzuwägen, wie viel Bequemlichkeit sie gegen wie viel Privatsphäre eintauschen möchten.

Zudem verändert sich unser **Verhalten** durch die neuen Mitbewohner. Manche Menschen fangen an, sogar mit ihren sprachgesteuerten Assistenten zu scherzen oder zu schimpfen. Kinder, die mit Alexa & Co. aufwachsen, lernen, dass man einem Gerät Befehle erteilt – was Fragen aufwirft, ob das ihre Kommunikation mit echten Menschen beeinflusst. Gleichzeitig entwickeln andere fast so etwas wie Höflichkeit gegenüber der Maschine („Danke, Alexa"), obwohl sie wissen, dass keine Gefühle dahinterstehen. Diese alltäglichen Szenen zeigen: KI wird im Haushalt zu einem normalen Gegenüber, was unser Verständnis von **Beziehungen** und sozialem Miteinander subtil verändern kann.

KI unterwegs: Verkehr und Mobilität

Auf der Straße ist KI längst mit an Bord. Moderne **Navigationssysteme** nutzen künstliche Intelligenz, um uns möglichst schnell und sicher ans Ziel zu bringen. Sie beziehen laufend Daten über das Verkehrsaufkommen, Baustellen oder Unfälle ein und **lernen**aus den Fahrten vieler Nutzer. So kann z.B. Google Maps in Sekundenschnelle erkennen, wenn sich irgendwo ein Stau bildet, und schlägt uns eine

Ausweichroute vor. Die meisten Autofahrer verlassen sich heute ganz selbstverständlich auf solche Navi-Apps, anstatt selbst im Atlas nachzuschlagen. Das spart Zeit und Nerven – aber es führt auch dazu, dass wir uns ohne elektronischen Lotsen oft hilflos fühlen. Hier wird eine **Abhängigkeit** spürbar: Wer ständig mit KI-Unterstützung fährt, merkt vielleicht gar nicht, dass er allmählich die eigene Orientierungsgabe weniger trainiert. In kritischen Situationen kann zu viel Vertrauen problematisch werden – man hört ja hin und wieder von Fällen, in denen Autos in Sackgassen oder auf falsche Wege geraten, weil das Navi es so befahl.

Bereits in vielen Neuwagen arbeiten zudem **Fahrerassistenzsysteme**, die auf KI zurückgreifen. Spurhalte- und Abstandsassistenten etwa beobachten mittels Kameras und Sensoren die Umgebung, erkennen Fahrbahnmarkierungen sowie andere Fahrzeuge und können automatisch bremsen oder korrigierend eingreifen, wenn wir abgelenkt sind. Diese Technologie kann Unfälle verhindern und macht das Fahren sicherer. Allerdings kann sie uns auch in falscher Sicherheit wiegen. Wenn wir dem Auto zu viel Kontrolle überlassen, besteht die Gefahr, dass wir im Notfall nicht schnell genug selbst reagieren. Das Spannungsfeld zwischen **Mensch und Maschine** tritt hier deutlich zutage: Wer hat am Ende die Kontrolle – der Fahrer oder der Algorithmus? Im Alltag müssen wir lernen, mit dieser gemeinsamen Verantwortung umzugehen.

Ein spannender Ausblick sind **autonome Fahrzeuge**, die ganz ohne menschliches Eingreifen fahren. In einigen Städten der USA und auch punktuell in Europa testen Unternehmen bereits Robo-Taxis und selbstfahrende Shuttle-Busse im Straßenverkehr. Ein Beispiel zeigt das obige Bild: Es handelt sich um einen selbstfahrenden Wagen des Google-Ablegers *Waymo*, der in einer Wohngegend unterwegs ist. Solche Autos sind voller Sensoren und KI-Systeme, die Verkehrsschilder erkennen, andere Verkehrsteilnehmer einschätzen und Entscheidungen in Bruchteilen von Sekunden treffen. Die Vision dahinter: Verkehr ohne menschliche Fehler, weniger Unfälle und mehr Mobilität für alle, auch für Menschen, die selbst nicht fahren können. Noch sind wir nicht soweit, dass autonome Autos unseren Alltag dominieren – aber die Entwicklung schreitet voran. Die Einführung selbstfahrender Fahrzeuge wirft zugleich Fragen auf, die über die Technik hinausgehen: Wie verändert sich unser **Lebensstil**, wenn Autofahren vom aktiven Tun zur passiven Tätigkeit wird? Was passiert mit Berufen wie Bus- oder Taxifahrer (Thema *KI und Arbeit/Macht*), wenn KI sie ersetzt? Und wie fühlt es sich an, als Fahrgast komplett der Entscheidung einer Maschine zu vertrauen? Schon jetzt können wir im Kleinen beobachten, wie es ist, wenn KI das Steuer übernimmt – etwa im Stau, wenn wir dem „Stauassistenten" folgen, oder im Parkhaus, wo das Auto automatisch einparkt.

Nicht zuletzt sammelt KI im Verkehr **massiv Daten über unser Bewegungsverhalten**. Navi-Apps wissen, wo wir uns wann aufhalten; Carsharing- und Mitfahrdienste optimieren ihre Routen anhand unserer Fahrten. Das ermöglicht tolle Dienste – etwa personalisierte Verkehrsinfos oder günstige, schnelle Mitfahrgelegenheiten – bedeutet aber auch, dass irgendwo Profile unseres Alltagstransports entstehen. Hier knüpft erneut das Macht-Thema an: Wer diese Daten kontrolliert, hat Einfluss darauf, wie Verkehrslösungen gestaltet werden und welche Angebote wir zu sehen bekommen. Stellen wir uns vor, die Stadtverwaltung steuert Ampelphasen mit KI je nach Verkehrsfluss – ein Gewinn für alle. Doch wenn z.B. Navigationsanbieter priorisieren, welche Straßen empfohlen werden, könnten sie theoretisch bestimmte Routen bevorzugen (vielleicht auch mal zum Vorteil eines Werbepartners, der an einer bestimmten Strecke liegt). Diese Szenarien zeigen, wie tief KI in die Infrastruktur eingreift – meist zum Guten, aber immer mit der Frage im Hintergrund, **wer die Kontrolle über die Algorithmen hat**.

KI in digitalen Medien und Apps

Ein Großteil unseres Alltags spielt sich mittlerweile **digital** ab – auf dem Smartphone, dem Computer oder im Internet. Und gerade hier wirkt KI oft im Verborgenen, beeinflusst aber stark, was wir wahrnehmen und wie wir Entscheidungen treffen. **Suchmaschinen** wie Google wären ohne KI kaum denkbar: Sie liefern binnen Millisekunden Antworten auf unsere Anfragen und sortieren die Ergebnisse nach Relevanz. Dabei lernen die Algorithmen aus Milliarden früherer Suchanfragen und Klicks, welche Ergebnisse für welche Fragen am hilfreichsten sind. Sie personalisieren sogar die Resultate ein Stück weit – je nachdem, wonach wir in der Vergangenheit gesucht haben. Das hilft uns zwar, schneller zu finden, was wir brauchen, birgt aber auch die Gefahr einer **Filterblase**:

Möglicherweise sehen wir vor allem das, was zu unseren bisherigen Interessen passt, und andere Perspektiven fallen unter den Tisch. Unsere **Weltsicht** kann dadurch schleichend einseitiger werden, ohne dass wir es merken. Hier berührt KI unsere **Identität und Meinungsbildung** – ein Aspekt, der im Kapitel *KI und Identität* oder *KI und Macht* sicher genauer diskutiert wurde.

Besonders spürbar ist KI in **sozialen Medien** und Unterhaltungs-Apps. Wer durch den Facebook- oder Instagram-Feed scrollt, bekommt nicht einfach alle Beiträge seiner Freunde chronologisch angezeigt. Stattdessen entscheidet ein KI-gesteuerter Algorithmus, welche Posts „wichtig" oder interessant für uns sein könnten. Er berechnet das auf Basis unseres bisherigen Verhaltens: Welche Beiträge haben wir gelikt, bei welchen Videos länger verweilt, welche Themen scheinen uns zu fesseln? Ähnlich funktioniert es bei **TikTok** oder **YouTube** – dort schlägt uns die App immer neues Material vor, exakt zugeschnitten auf unsere vermeintlichen Vorlieben. Das Ergebnis ist beeindruckend: Oft sind die Vorschläge so gut getroffen, dass man gar nicht mehr aufhören mag zu schauen. Studien zeigen, dass bei Netflix beispielsweise über 80 % der angeschauten Inhalte über Empfehlungen entdeckt werdenMit anderen Worten: Die Mehrheit dessen, was wir abends gemütlich vor dem Fernseher anschauen, wurde uns von einer KI *ausgesucht*. Einerseits ist das ein **Gewinn an Komfort** – wir müssen nicht lange stöbern, sondern bekommen passgenaue Tipps und entdecken vielleicht Filme oder Musik, auf die wir selbst nie gekommen wären. Andererseits beeinflusst KI so sehr direkt unsere **Entscheidungen und Routinen**: Sie bestimmt mit, welche Nachrichten wir lesen, welche Serien wir anfangen, welche Musik in unsere Playlist wandert. Unser **Freizeitverhalten** wird durch Algorithmen mitgestaltet. Die Gefahr besteht, dass wir immer in der gleichen inhaltlichen Komfortzone bleiben, weil die KI uns genau das liefert, was uns ohnehin gefällt. Die *Kreativität* und Offenheit, mal etwas ganz Neues auszuprobieren, kann darunter leiden – muss aber nicht, wenn die KI bewusst genutzt wird, um den Horizont zu erweitern.

Auch in scheinbar trivialen Anwendungen steckt KI, die unseren Alltag leiser, aber dennoch wirksam formt. Nehmen wir **E-Mail-Filter**: Täglich sortieren lernfähige Programme unerwünschte Werbe- oder Phishing-Mails aus unserem Posteingang und ersparen uns so viel

Mühe. Oder die **Autokorrektur** und Wortvervollständigung beim Tippen einer Nachricht – sie basiert auf Sprachmodellen, also KI, die aus riesigen Textmengen gelernt hat, was wir wahrscheinlich als nächstes schreiben wollen. So fließen beim Chatten oder Schreiben von E-Mails oft automatisch ganze Satzvorschläge ein („Viele Grüße“ schlägt das Mailprogramm vor, sobald man „Viele“ tippt). Das beschleunigt die Kommunikation, beeinflusst aber auch subtil unseren **Sprachstil**. Manche Formulierungen übernehmen wir vielleicht einfach, weil die KI sie vorschlägt, statt selbst nach Worten zu suchen.

Eine der spannendsten Entwicklungen der letzten Zeit sind **generative KI-Tools** im Alltag. Inzwischen kann jede*r mit frei verfügbaren KI-Modellen Texte formulieren lassen oder Bilder generieren – etwas, das früher Spezialisten vorbehalten war. Chatbots wie ChatGPT können in Sekundenschnelle Zusammenfassungen schreiben, Rezepte vorschlagen oder sogar kreative Geschichten erfinden. Immer mehr Menschen nutzen solche Assistenten im Alltag, sei es um einen komplizierten Sachverhalt einfacher erklären zu lassen oder um Inspiration für die nächste Urlaubsplanung zu bekommen. Das öffnet neue Möglichkeiten zur **Kreativität**, wirft aber auch Fragen auf: Wenn wir einen Brief von der KI schreiben lassen, ist das dann noch unser eigenes Werk? Wie verändert sich unsere **Selbstwahrnehmung**, wenn KI uns hilft, in verschiedenen Rollen zu kommunizieren (etwa beruflich ultra-formell, privat eher locker)? Hier berührt KI im Alltag direkt die Themen Kreativität und Identität, indem sie uns einerseits befähigt, Dinge zu schaffen, die wir alleine vielleicht nicht könnten, andererseits aber auch unsere persönliche Note überlagern kann.

Nicht zu vergessen ist der Einfluss von KI auf unsere **Emotionen** in der digitalen Welt. Soziale Medien etwa sind darauf optimiert, unsere Aufmerksamkeit zu fesseln – oft mit emotional ansprechenden Inhalten. Die Algorithmen bevorzugen Beiträge, die starkes Interesse wecken, sei es Empörung, Freude oder Mitgefühl. Das kann dazu führen, dass wir häufiger emotional aufgewühlt sind (man denke an die Empörungswellen, die durch Twitter und Co. laufen) oder dass wir uns an den ständigen Fluss der *Likes* und *Benachrichtigungen* gewöhnen und emotional abhängig fühlen. Gleichzeitig experimentieren Entwickler mit **KI, die Emotionen erkennt oder simuliert** – etwa Chatbots, die auf unseren Tonfall reagieren oder virtuelle Assistenten mit „freundlicher" Stimme und Humor. Solche Systeme könnten künftig im Alltag als eine Art Gesprächspartner dienen (Stichwort: digitale Freunde oder Therapeutinnen). Ob das unsere echten menschlichen Beziehungen entlastet oder eher verfremdet, ist eine offene Frage. Im Alltag jedoch spüren wir bereits: Wenn uns das Smartphone mit fröhlichem Icon mitteilt, wir hätten unser Schrittziel erreicht, fühlen wir uns motiviert. Wenn Netflix uns nach einer Serie fragt „Wie hat es dir gefallen?" und wir mit einem Klick reagieren, geben wir der KI Rückmeldung über unsere **Gefühle**. Stück für Stück webt sich KI in die feinen emotionalen Schichten unseres täglichen Lebens ein.

KI beim Einkaufen

Egal ob wir online shoppen oder im Supermarkt um die Ecke einkaufen – auch hier ist KI zu einem unsichtbaren Motor geworden, der Angebot und Nachfrage zusammenbringt. **Online-Shopping-Plattformen** wie Amazon nutzen KI-Algorithmen, um uns personalisierte **Produktvorschläge** zu machen. Kaum hat man sich einen Artikel angesehen oder gekauft, erscheinen schon Empfehlungen à la "Das könnte

Sie auch interessieren". Diese Vorschläge entstehen, indem KI unser Verhalten mit dem von Millionen anderen Kunden vergleicht und Muster erkennt. Wenn viele Leute, die Produkt X kauften, später auch Produkt Y gekauft haben, dann wird uns vielleicht genau dieses Produkt Y ans Herz gelegt. Für uns bedeutet das oft: Wir entdecken nützliches Zubehör oder passende Artikel, auf die wir sonst nicht gekommen wären. Der Einkauf wird bequemer, wir müssen weniger selbst suchen. Aus Sicht der Händler sind diese **Empfehlungssysteme** Gold wert, denn sie steigern den Umsatz beträchtlich – nicht umsonst erfolgt ein großer Teil der Verkäufe über solche KI-basierten Empfehlungen.

Doch die Sache hat auch eine Kehrseite: Wir werden als Kunden sehr stark **durchleuchtet und beeinflusst**. Jede unserer Klicks und Kaufentscheidungen wird gespeichert und ausgewertet. Dadurch entstehen detaillierte **Profile** unserer Vorlieben, die nicht nur für Produktvorschläge genutzt werden, sondern oft auch für **Werbeanzeigen**. Wer etwa online nach Wanderschuhen sucht, bekommt später womöglich auf anderen Webseiten Werbung für Outdoor-Ausrüstung eingeblendet – ein Ergebnis von KI-gesteuertem *Targeting*. Dieses gezielte

Werben wirkt durchaus: Laut einer aktuellen Studie haben 54 % der Deutschen schon mindestens einmal ein Produkt online gekauft, nachdem sie personalisierte Werbung dazu gesehen oder gehört hatten. Die Mehrheit hat sich also von solchen maßgeschneiderten Anzeigen zum Kauf verleiten lassen. Hier zeigt sich, wie KI unsere **Entscheidungen** im Konsum beeinflussen kann – oft zu unseren Gunsten, wenn wir tatsächlich etwas Passendes finden, manchmal aber auch zu Impulskäufen, die wir später vielleicht bereuen.

Ein eindrückliches Beispiel für die Vorhersagekraft von KI in diesem Bereich stammt aus den USA: Dort erkannte die Analysesoftware einer Supermarktkette einmal anhand des veränderten Einkaufsverhaltens einer Teenagerin, dass sie schwanger war – noch bevor diese es ihrer Familie mitgeteilt hatte. Infolgedessen erhielt sie Gutscheine für Babyprodukte, was zuhause für Verwirrung sorgte. Diese Anekdote (auch wenn sie in Teilen etwas überspitzt dargestellt wurde) macht deutlich, **wie tief Algorithmen in unser Privatleben hineinreichen können**, wenn sie genug Daten haben. Aus dem, was wir kaufen, lassen sich Rückschlüsse auf sehr persönliche Umstände ziehen – von Hobbys und Präferenzen bis hin zu Gesundheitszuständen. Das kann nützlich sein, etwa um individuellere Beratung oder Angebote zu liefern, aber es wirft auch **ethische Fragen** auf: Wollen wir, dass Unternehmen solche sensiblen Prognosen über uns erstellen? Was, wenn sie sich irren? Und wie schützt man diese Daten vor Missbrauch?

Im klassischen **Einzelhandel** begegnet uns KI ebenfalls immer häufiger. Einige Supermärkte testen automatisierte Kassensysteme, die per Bilderkennung erkennen, welche Artikel im Einkaufswagen liegen, sodass man ohne Scan-Vorgang den Laden verlassen kann – die Abrechnung erledigt die KI im Hintergrund. Verkaufsregale werden mit Sensoren und lernenden Systemen ausgestattet, um rechtzeitig Nachschub zu bestellen, bevor ein Produkt ausverkauft ist. Solche *unsichtbaren* Helfer verbessern die Effizienz und sorgen dafür, dass Regale stets gefüllt sind und wir als Kunden nicht vor leeren Flächen stehen. Gleichzeitig entsteht auch hier eine **Abhängigkeit von Daten**: Lagerhaltung und Logistik verlassen sich auf Prognosen, wann welche Nachfrage entsteht. Wenn das System sich irrt (etwa wegen ungewöhnlicher Ereignisse oder Feiertage), kann es durchaus passieren, dass plötzlich ein oft gekaufter Artikel nicht da ist, weil die KI damit nicht gerechnet hat.

Für uns Verbraucher bringt KI beim Einkaufen insgesamt **Komfortgewinne**: persönliche Empfehlungen, schnellere Abläufe, Angebote, die wirklich zu unseren Bedürfnissen passen. Aber wir spüren auch eine gewisse **Intransparenz**: Warum wird mir gerade dieses Produkt vorgeschlagen? Was weiß der Algorithmus über mich, dass er meint, ich bräuchte genau das? Dieser Blick hinter die Kulissen fehlt meist. Hier schließt sich der Bogen zum Kapitel *KI und Macht*: Die Marktmacht großer Handelsplattformen basiert heute auch auf der Datenmacht ihrer KI-Systeme. Sie wissen oft mehr über die Kunden als die Kunden über sich selbst – und nutzen dieses Wissen strategisch. Als einzelne Person kann man das kaum überschauen, man merkt nur die Auswirkungen im eigenen Verhalten: Vielleicht kaufen wir weniger spontan im Laden nebenan, weil Amazon uns schon am Vorabend alles nach Hause liefern will. Vielleicht lassen wir uns von Rabatten locken, die nur wir angezeigt bekommen, weil ein Algorithmus errechnet hat, dass wir beim richtigen Preis zugreifen. Diese personalisierte Konsumwelt ist bequem, aber sie erfordert von uns auch **Selbstreflexion**: Damit wir mündige

Käufer bleiben, sollten wir uns bewusst machen, wann ein Impuls von uns selbst kommt und wann er von einer KI angestoßen wurde.

KI für Gesundheit und Wohlbefinden

Unsere **Gesundheit** ist ein Bereich, in dem KI enormes Potenzial hat – und bereits heute im Alltag vieler Menschen angekommen ist. Ein verbreitetes Beispiel sind **Fitness-Tracker und Smartwatches**. Diese kleinen Geräte am Handgelenk sammeln ständig Daten: Sie zählen Schritte, messen den Puls, analysieren den Schlaf und manchmal sogar den Stresspegel. Die eigentliche *Intelligenz* steckt dann in der Auswertung dieser Daten. KI-Algorithmen erkennen Muster – zum Beispiel, ob wir uns diese Woche weniger bewegt haben als sonst, oder ob unser Herzrhythmus Auffälligkeiten zeigt – und geben daraufhin personalisierte Ratschläge. So mahnt uns die Fitness-App vielleicht, mal wieder einen Spaziergang einzulegen, wenn wir zu lange inaktiv waren, oder sie lobt uns für das Erreichen unseres Tagesziels. Diese Art von Feedback kann sehr **motivierend** wirken und hilft vielen, einen gesünderen Lebensstil zu pflegen. Die Datenflut, die früher nur Profi-Sportmediziner auswerten konnten, wird durch KI so aufbereitet, dass wir im Alltag unmittelbar etwas damit anfangen können.

Manchmal gehen diese Geräte sogar über reines Coaching hinaus und werden zu potenziellen **Lebensrettern**. Modernere Smartwatches können mithilfe von KI unregelmäßige Herzrhythmen erkennen. Es gibt inzwischen etliche Berichte von Nutzern, denen ihre Uhr rechtzeitig Alarm schlug: Plötzlich erschien am Handgelenk die Warnung, der Puls sei ungewöhnlich niedrig oder zeige Anzeichen von Vorhofflimmern. Ein realer Fall: Ein ehemaliger Manager bemerkte nur leichtes Unwohlsein, doch seine Apple Watch meldete ihm eine gefährlich abgesunkene Herzfrequenz. Er folgte der Aufforderung, sofort einen Arzt aufzusuchen – und tatsächlich stellte sich heraus, dass akute Lebensgefahr bestand, die schließlich durch einen eingesetzten Herzschrittmacher gebannt werden konnte. Der behandelnde Arzt bestätigte, dass die Smartwatch bei der Rettung seines Lebens eine große Rolle spielte. Solche Geschichten verdeutlichen die **Chancen** von KI im Gesundheitsalltag: Sie kann wie ein wachsamer Schutzengel im Hintergrund über unsere Werte wachen und im Ernstfall Alarm schlagen.

Auch über Wearables hinaus begegnet uns KI in Gesundheitsdiensten. Viele Menschen haben schon einen **digitalen Symptom-Check** ausprobiert: Man gibt in einer App oder Website Beschwerden ein (z.B. Kopfschmerzen, Fieber) und eine KI versucht, mögliche Ursachen oder Empfehlungen zu liefern. Diese Systeme greifen auf medizinisches Wissen und statistische Zusammenhänge zurück, um einzuschätzen, ob vielleicht nur Ruhe nötig ist oder doch ein Arztbesuch angeraten wird. Zwar ersetzen sie keine professionelle Diagnose, aber sie können niedrigschwellig Hinweise geben und Unsicherheit reduzieren. Ebenso setzen einige Krankenversicherungen oder Telemedizin-Anbieter Chatbots ein, die einfache Fragen beantworten – etwa zur Medikamenteneinnahme oder zu Präventionstipps. Hinter all dem steckt KI, die Sprache verstehen und passende Antworten generieren kann.

In der erweiterten Gesundheitsversorgung, also beim Arzt oder im Krankenhaus, arbeiten KI-Systeme oft im Hintergrund, ohne dass Patienten es direkt mitbekommen. Radiologen nutzen KI, um Röntgen- oder MRT-Bilder schneller und teils präziser auszuwerten (die KI markiert z.B. verdächtige Schatten, die auf Tumore hindeuten könnten). In der **Diagnostik** hilft KI dabei, aus einer Flut von Laborwerten Muster zu erkennen – etwa frühe Warnzeichen für Diabetes oder Herzkrankheiten. Für uns im Alltag zeigt sich das vielleicht in präziseren Ergebnissen und kürzeren Wartezeiten: Wenn der Arzt dank KI-Assistenz schneller weiß, was Sache ist, bekommen wir eher Gewissheit und können mit der Behandlung starten. Auch hier ist also viel **Potenzial für positive Entwicklungen**.

Dennoch müssen wir auch die **Risiken und Grenzen** im Blick behalten. Gesundheitsdaten sind besonders sensible Daten. Wenn wir sie mit Apps teilen oder in der Cloud speichern (etwa um unsere Schritte mit Freunden zu vergleichen oder den Schlafrhythmus über Jahre zu verfolgen), ist Datenschutz extrem wichtig. Ein Leck oder Missbrauch solcher Daten könnte große persönliche Nachteile haben, etwa wenn intime Krankheitsinformationen öffentlich werden oder – im schlimmsten Fall – Versicherungen versuchen, daraus Profit zu schlagen, indem sie Beiträge an Gesundheitsprofile koppeln. Derzeit sind in vielen Ländern strenge Regeln in Kraft, die so etwas verhindern sollen, aber die Sorge bleibt bestehen, dass umfangreiche **Datenspuren** zur Gesundheit Begehrlichkeiten wecken.

Ein weiteres Thema ist die **Verlässlichkeit** der KI-Dienste. Was, wenn die Smartwatch falsch Alarm schlägt und uns grundlos beunruhigt? Oder schlimmer: Was, wenn sie ein Problem **nicht** erkennt? Menschen könnten sich in trügerischer Sicherheit wiegen, weil „die App ja nichts Auffälliges gesagt hat", obwohl ein Arztbesuch nötig wäre. Die Beziehung zwischen Patient und Arzt könnte sich ebenfalls verändern: Kommt es zu Konflikten, wenn der KI-Symptomchecker etwas anderes „meint" als der menschliche Mediziner? Hier prallen Vertrauen in Technik und Vertrauen in Menschen aufeinander – ein Spannungsfeld, das wir gesellschaftlich ausbalancieren müssen. Schließlich besteht auch die Gefahr der **Überwachung**: Arbeitgeber könnten interessiert sein zu wissen, wie gestresst oder fit ihre Mitarbeiter sind, oder Schulen, wie es um die Konzentration der Schüler steht – und entsprechende Sensoren einsetzen. Solche Szenarien sind bislang eher hypothetisch, führen aber vor Augen, dass KI im Alltag der Gesundheit auch eine **Machtfrage** ist: Wer hat Zugriff auf die Informationen über meinen Körper und meine Psyche?

Trotz dieser Bedenken überwiegen für viele Nutzer die positiven Alltagswirkungen: Man fühlt sich unterstützt, motiviert und gut informiert. KI kann hier sehr menschlich **Beziehungen** beeinflussen – zum einen die Beziehung zu uns selbst (Stichwort: *Quantified Self*, wir lernen uns durch Daten besser kennen), zum anderen zwischen Menschen (z.B. wenn Familienmitglieder über eine App die Fitnessdaten teilen und sich gegenseitig anspornen). Im besten Fall nimmt uns KI lästige Routinearbeiten im Gesundheitsmanagement ab, erinnert an Pillen oder Impfungen, und gibt uns dafür mehr Zeit für das, was wirklich zählt: das direkte Gespräch mit dem Arzt oder die eigene aktive Gesundheitsvorsorge.

Chancen und Herausforderungen

Wie wir sehen, bringt KI im Alltag **viel Gutes**, konfrontiert uns aber auch mit **neuen Problemen**. Zusammenfassend lassen sich einige **Chancen** und **Risiken** herausarbeiten:

- **Komfort und Effizienz:** KI erledigt Routineaufgaben schneller und oft zuverlässiger als wir. Ob beim Sortieren von E-Mails, beim Steuern des Raumklimas oder beim Finden des optimalen Fahrtwegs – unser Leben wird **bequemer** und wir sparen Zeit. Wir können uns auf kreativere oder zwischenmenschliche Dinge konzentrieren, während „smarte“ Helfer im Hintergrund werkeln.

- **Personalisierung und Zugang:** Noch nie war es so einfach, Inhalte und Dienste zu bekommen, die genau zu uns passen. KI passt sich an unsere **Bedürfnisse** an – sei es der Streamingdienst, der uns genau den richtigen Film zur Stimmung vorschlägt, oder die Sprachassistenz, die auch im hohen Alter Zugang zu digitalen Informationen ermöglicht. Menschen mit Behinderungen oder speziellen Anforderungen profitieren in besonderem Maße von KI-gestützter **Barrierefreiheit** (z.B. Vorlesefunktionen, automatische Übersetzungen, intelligente Prothesen).
- **Neue Möglichkeiten durch Kreativität und Entlastung:** KI kann uns inspirieren und befähigen. Nicht nur Künstler nutzen KI, um neue Formen der **Kreativität** auszuprobieren (Kapitel *KI und Kreativität*), auch im Alltag kann jeder mit KI-Unterstützung etwas gestalten – sei es das automatische Erstellen eines Fotoalbums oder das Ausdenken eines

personalisierten Workouts. Zudem entlasten uns Assistenzsysteme mental: Es ist beruhigend zu wissen, dass ein digitaler Helfer mitdenkt (z.B. der Herd, der sich automatisch ausschaltet, oder das Auto, das eine Notbremsung hinlegt). Das erhöht die **Sicherheit** und senkt Stress.

Dem stehen **Herausforderungen** gegenüber, die wir bewältigen müssen:

- **Datenschutz und Selbstbestimmung:** Wo KI ist, da sind meist auch Daten. Unsere alltäglichen Aktionen hinterlassen digitale Spuren, die ausgewertet werden. Die **Kontrolle** über diese Daten zu behalten, ist schwierig. Nutzer müssen darauf vertrauen, dass Unternehmen und Institutionen sorgsam und transparent mit persönlichen Informationen umgehen – ein Vertrauen, das nicht selten enttäuscht wurde. Die Gefahr von **Überwachung** oder unerkanntem Profiling begleitet viele KI-Dienste.
- **Abhängigkeit und Kompetenzverlust:** Je mehr wir uns auf KI verlassen, desto mehr bauen wir eigene Fähigkeiten ab. Navigieren ohne Navi? Kaum mehr geübt.

Kopfrechnen, wenn ständig eine App hilft? Eher selten. Diese **Abhängigkeiten** machen uns verwundbar: Fällt ein Dienst mal aus oder liegt falsch, stehen wir schnell auf verlorenem Posten. Zudem droht ein gewisser **Kompetenzverlust** – wenn die Maschine immer die Entscheidungen trifft (ob große oder kleine), verlernen wir das eigene Entscheiden und kritische Hinterfragen.

- **Bias und Benachteiligung:** KI-Systeme sind nur so neutral wie die Daten, mit denen man sie füttert. Im Alltag kann das bedeuten, dass manche Leute systematisch **benachteiligt** werden, etwa wenn ein Algorithmus Frauen andere Werbung zeigt als Männern oder bestimmte Personengruppen bei Online-Angeboten ausschließt. Diese unsichtbaren Diskriminierungen zu erkennen und zu verhindern, ist eine gesellschaftliche Aufgabe (siehe *KI und Macht*). Für den Einzelnen ist oft gar nicht nachvollziehbar, warum ihm etwas empfohlen oder verweigert wird – die **Transparenz** fehlt.

- **Kontrollverlust und ethische Fragen:** Viele spüren ein mulmiges Gefühl dabei, wenn Entscheidungen an KI ausgelagert werden – sei es die Frage, welcher Bewerber von einer Vorauswahl-Software näher geprüft wird, oder im Alltag, welcher Post im Feed als relevant gilt. Wir geben ein Stück weit die **Hoheit** aus der Hand. Ein gewisser Kontrollverlust geht damit einher. Außerdem stehen wir vor neuen **ethischen Herausforderungen**: Was passiert, wenn ein selbstfahrendes Auto in einer Unfallsituation abwägen muss? Oder wenn ein Pflege-Roboter über Wohl und Wehe eines Patienten mitbestimmt? Im Kleinen sind das die Momente, in denen wir uns fragen: *„Wer entscheidet hier eigentlich – und nach welchen Maßstäben?“*

Fazit: KI hat sich in unser tägliches Leben eingewebt, oft so selbstverständlich wie Elektrizität oder das Internet. Wir profitieren bereits enorm von ihr, müssen aber auch lernen, bewusst mit ihr umzugehen. Die **Verbindungen zu den großen Fragen** aus den vorherigen Kapiteln sind offensichtlich: Im Alltag zeigt sich, wie KI unsere **Identität**beeinflussen kann (z.B. durch personalisierte Feeds oder Schönheitsfilter in sozialen Medien), wie sie unsere **Beziehungen** prägt (denke an Familien, die am Abend jeder vor seinem personalisierten Stream sitzt, oder an Freundschaften, die über Algorithmen geknüpfte Interessen laufen), wie sie **Kreativität** fördert oder einschränkt (indem sie uns Vorschläge macht oder eigene Ideen generiert), und wie sie Teil von **Machtstrukturen** wird (Konzerne, die KI kontrollieren, haben erheblichen Einfluss auf uns alle).

Dieses Kapitel als Übergang hat konkret gezeigt, was KI mit uns im Alltag macht – im Guten wie im Schlechten. Indem wir uns dieser Wirkungen bewusst werden, sind wir besser gerüstet, die **Zukunft mit KI** aktiv zu gestalten. Denn letztlich sind es wir Menschen, die entscheiden, welche Rolle wir der künstlichen Intelligenz in unserem Leben einräumen – ob wir sie nur bequem finden oder kritisch begleiten, ob wir uns von ihr bestimmen lassen oder sie verantwortungsvoll als Werkzeug nutzen. Die folgenden Kapitel werden sicher noch tiefer in diese Fragestellungen einsteigen und erörtern, wie wir mit der allgegenwärtigen KI so umgehen, dass sie unserem Zusammenleben förderlich ist. Im Alltag beginnt jedenfalls schon jetzt der spannende Balanceakt: *KI nutzen, ohne sich nutzen zu lassen.*

Kapitel 6: KI und unsere kognitiven Fähigkeiten

Einleitung: Kinder und Jugendliche wachsen heute in einer Welt auf, in der Künstliche Intelligenz (KI) allgegenwärtig ist. Sei es die **Sprachassistentin**, die auf Zuruf die Lieblingsmusik abspielt, oder ein **Chatbot**, der bei den Hausaufgaben hilft – für die junge Generation ist der Umgang mit KI etwas Alltägliches. Eine aktuelle Befragung unter Jugendlichen zeigte etwa, dass besonders Sprachassistenten wie Alexa oder Siri häufig genutzt werden, um im Alltag auf KI zurückzugreifen; auch Textgeneratoren wie ChatGPT werden bereits rege ausprobiertblm.de. Diese Entwicklung wirft die Frage auf: **Wie beeinflusst KI unsere geistigen Fähigkeiten?** In diesem Kapitel beleuchten wir wissenschaftliche Erkenntnisse dazu, wie KI-basierte Systeme kognitive Funktionen wie **Aufmerksamkeit, Gedächtnis, Sprachverarbeitung** und **Problemlösungsfähigkeit** beeinflussen – mit speziellem Fokus auf Heranwachsende, die von klein auf mit KI umgehen. Wir betrachten Chancen (etwa durch adaptive Lernprogramme) und Risiken (wie **kognitive Trägheit** oder **Reizüberflutung**) und vergleichen die heutige Situation mit früheren Generationen, die ohne allgegenwärtige KI aufgewachsen sind. Abschließend geben wir Hinweise aus aktuellen Studien, was Eltern, Pädagogen und die Gesellschaft tun können, um die Vorteile zu nutzen und die Risiken zu minimieren.

Aufmerksamkeit und Konzentration

Die Fähigkeit, aufmerksam bei einer Sache zu bleiben, wird von digitalen Medien und KI-Systemen auf die Probe gestellt. Viele Jugendliche sind es gewohnt, ständig zwischen Smartphone-Benachrichtigungen, Social-Media-Feeds und schulischen Aufgaben zu wechseln. **Konzentriertes, längeres Fokussieren** fällt dabei immer schwerer. Langzeitstudien untermauern den Eindruck: Jugendliche von heute zeigen vermehrt **Konzentrationsprobleme**, und auch ihr **kritisches Denkvermögen** hat im Vergleich zu früheren Jahrgängen abgenommen. Ein Grund ist die **gleichzeitige Nutzung** mehrerer digitaler

Reize. Neurobiologen erklären, dass das menschliche Gehirn nur begrenzte Aufmerksamkeitsressourcen hat. Ständige *„Pings“* und *Push-Nachrichten* vom Smartphone zwingen das Gehirn, immer wieder den Fokus umzuschalten. So *„springen“* wir gedanklich hin und her und **verlernen, eine Aufgabe in Ruhe zu Ende zu bringen**. Eine Studie veranschlagt, dass man nach jeder Ablenkung durchschnittlich rund 10 Minuten benötigt, um sich wieder vollständig in die vorige Aufgabe hineinzudenken – ein enormer Effekt auf die Konzentrationsleistung.

Diese *digitale Zersplitterung* der Aufmerksamkeit zeigt sich besonders bei Heranwachsenden, da **Kindheit und Jugend** kritische Phasen für die Entwicklung von Konzentrationsfähigkeiten sind. Eine Übersichtsarbeit aus dem Jahr 2022, welche die Ergebnisse von elf Studien zusammenfasste, fand in fast allen Untersuchungen einen Zusammenhang zwischen **übermäßiger Bildschirmzeit** und **Aufmerksamkeitsproblemen** bei Kindern. Nur in einer von elf Studien schnitten kinder mit mehr Bildschirmzeit *besser* bei Aufmerksamkeitstests ab – der überwiegende Trend deutet also darauf hin, dass **zu viel Zeit**

vor digitalen Displays die Konzentration eher schwächt. Ein besonders modernes Phänomen ist hier die **Sogwirkung KI-basierter Empfehlungsalgorithmen**: Plattformen wie TikTok oder YouTube (mit KI-gesteuerter Auswahl immer neuer Videos) bieten kontinuierlich neue Reize im Sekundentakt. Experten bezeichnen die mögliche Folge als *„TikTok-Brain"*: das Gehirn gewöhnt sich an ständige Belohnungsreize und hat Schwierigkeiten, bei weniger aufregenden Aufgaben durchzuhalten.

Auch **Reizüberflutung** und ständiges Multitasking können bei jungen Menschen Symptome hervorrufen, die an Aufmerksamkeitsdefizite erinnern. Lehrkräfte berichten etwa, dass viele Schüler nach exzessiver Handy-Nutzung unruhig und unkonzentriert im Unterricht sind. Wichtig ist: Diese Effekte sind **nicht zwingend permanent** – das Gehirn ist formbar. Durch bewussten Umgang mit Medien und gezieltes Training (z.B. Zeiten ohne digitale Ablenkung, Lesen längerer Texte) kann die **Aufmerksamkeitsspanne** wieder verlängert werden. Dennoch mahnen Forscher, die Entwicklung genau zu beobachten, denn es gibt

Anzeichen für einen allgemeinen Abwärtstrend der Konzentrationsfähigkeit bei jungen Leuten.

Gedächtnis und Wissenserwerb

Neben der Aufmerksamkeit beeinflusst KI auch das **Gedächtnis**. Unsere Fähigkeit, Informationen zu behalten, wird teilweise von digitalen Hilfsmitteln *ausgelagert*. Warum Telefonnummern oder Fakten merken, wenn Alexa, Siri oder Google sie bei Bedarf sofort präsentieren? Dieses Verhalten wird mitunter als *„digitale Amnesie“* bezeichnet – eine neue Vergesslichkeit, die dadurch entsteht, dass Wissen jederzeit abrufbar in Geräten steckt. Die permanente Verfügbarkeit des Internets und von KI-Auskunftssystemen hat messbaren Einfluss auf unser Erinnerungsvermögen. Insbesondere Kinder, die von Anfang an gewohnt sind, dass Antworten *einen Klick entfernt* sind, neigen seltener dazu, sich Details **aktiv ins Gedächtnis zu rufen**.

Interessanterweise beeinträchtigen digitale Geräte nicht nur das langfristige Faktenwissen, sondern können auch das **Kurzzeitgedächtnis** beanspruchen. Studien zeigen, dass schon die *bloße Anwesenheit eines Smartphones im Raum*Auswirkungen auf das Arbeitsgedächtnis hat. Ein Teil der mentalen Ressourcen wird unbewusst darauf verwendet, dem Impuls zu widerstehen, zum Handy zu greifen – und fehlt dann für die eigentliche Denkaufgabe. Dieser *„kognitive Nebenabfluss"* erklärt, warum viele Menschen sich schlechter konzentrieren können, wenn das Smartphone in Reichweite liegt, selbst wenn es gerade gar nicht aktiv genutzt wird.

Für Kinder und Jugendliche, deren Gedächtnisstrategien sich noch entwickeln, ist das doppelt wichtig. Früher übten Schüler ihr Gedächtnis etwa durch **Auswendiglernen** von Gedichten oder Vokabeln – Tätigkeiten, die heute durch digitale Hilfsmittel seltener geworden sind. Manche Experten befürchten, dass jüngere Generationen weniger trainiert im **Speichern und Abrufen von Wissen** sind, weil diese mentalen Übungen wegfallen. Allerdings gibt es hier auch **Entwarnung** aus neueren Studien: Bei älteren Erwachsenen, die digitale Technik verwenden, wurden *keine* Hinweise auf eine sogenannte *„digitale Demenz"* gefunden – im Gegenteil schien die **aktive Nutzung** von Smartphone, Tablet und Internet mit einem *geringeren* Risiko für kognitive Einbußen im Alter einherzugehen. Offenbar kann das Gehirn im höheren Alter sogar davon profitieren, wenn es sich auf neue Technologien einlässt, etwa weil dies geistig fit hält. Für Kinder hingegen ist entscheidend, **wie** sie digitale Helfer nutzen: als Ergänzung, um Neues zu lernen (dann können auch Gedächtnisleistungen gesteigert werden), oder als ständigen Ersatz für eigenes Nachdenken (dann droht tatsächlich eine gewisse *Bequemlichkeit* des Gehirns).

Sprachverarbeitung und Kommunikation

Sprache ist ein zentraler kognitiver Bereich, der durch KI beeinflusst wird – sei es das **Verstehen und Verwenden von Wörtern** oder die Art, wie wir kommunizieren. Hier zeigen sich bei exzessiver Technologienutzung sowohl subtile als auch offensichtliche Effekte. So haben Neurowissenschaftler beobachtet, dass Kinder, die sehr früh und sehr viel Zeit vor Bildschirmen verbringen, oft **Sprachverzögerungen** aufweisen. Wenn z.B. Kleinkinder oder Grundschüler täglich stundenlang vor dem Tablet sitzen, ohne ausreichende zwischenmenschliche Kommunikation, entwickeln sich bestimmte Sprachbereiche im Gehirn langsamer. Martin Korte, Neurobiologe an der TU Braunschweig, berichtet: *„Wenn Kinder schon im Grundschulalter mehrere Stunden am Tag am*

Bildschirm verbringen, dann sieht man Entwicklungsverzögerungen in den Spracharealen. Das heißt, diese Kinder sprechen und verstehen weniger verschiedene Worte.“. Tatsächlich zeigen Untersuchungen **signifikante Zusammenhänge**zwischen übermäßigem Medienkonsum im Kindesalter und sprachlichen oder sozialen Auffälligkeiten – bis hin zu Hyperaktivität und Schwierigkeiten im Umgang mit Gleichaltrigen. Die Sprache eines Kindes entwickelt sich bekanntlich am besten im *direkten Dialog* mit anderen Menschen, durch Vorlesen, Erzählen und aktives Antworten. Wenn stattdessen häufig ein Bildschirm „spricht“ und das Kind passiv konsumiert, fehlt ein Stück dieser Interaktion.

Neben passivem Konsum haben aber auch **aktive KI-Kommunikationspartner** Einfluss: Gemeint sind hier Sprachassistenten und Chatbots, mit denen Kinder *sprechen*. Ein Beispiel: **Sprachassistenten** wie Alexa, Google Assistant oder Siri beantworten Fragen in aller Kürze – oft genügt ein einfacher Befehlston, damit die KI reagiert. Eine britische Studie der University of Cambridge warnte, dass diese Geräte unbeabsichtigt die **sprachliche und soziale Entwicklung** beeinflussen können. Kinder neigen dazu, den Assistenten menschliche Eigenschaften zuzuschreiben und **imitieren deren Sprachmuster**. Da Alexa und Co. monotone Stimmen ohne Zwischenmenschlichkeit haben, übernehmen Kinder mitunter einen ähnlichen monotonen Sprechstil. Vor allem aber lernen sie: Man muss keine Höflichkeitsformen wahren, ein *„Danke“* ist nicht nötig – schließlich reagieren die Geräte auch ohne höfliche Nachfrage. Die Folge: Einige Kinder zeigen auch gegenüber realen Menschen plötzlich ungewohnt *bruske* oder **unhöfliche Verhaltensweisen**, weil sie es vom Umgang mit der KI nicht anders kennen. Zudem stellen Kinder den Maschinen zuliebe meist sehr einfache, direktive Fragen (“**Spiel Musik!**” oder “**Wie spät ist es?**”), da komplexere Sätze oft nicht verstanden würden. **Komplexes Fragenstellen**, eine Fähigkeit, die für Sprachentwicklung und späteres Problemlösen wichtig ist, wird so weniger geübt.

Ein weiteres Problem: Sprachassistenten liefern Antworten, *ohne* dass der Weg dorthin für das Kind nachvollziehbar ist. Fragt ein Jugendlicher etwa: *„Wie entsteht Wind?“*, bekommt er von der KI eine kurze Erklärung, aber er erlebt nicht den Rechercheprozess, das Nachschlagen in Büchern oder das Stellen von Rückfragen. Forscher betonen, dass Kindern dadurch eine **Lernerfahrung entgeht**, die normalerweise das **kritische Denken und Schlussfolgern**schult. Im menschlichen Gespräch würde ein Kind vielleicht nachfragen: *„Warum ist das so?“* oder der Erwachsene würde zurückfragen, was das Kind schon vermutet – dieser Austausch fördert Verständnis und Denkfähigkeit. Der Sprachassistent hingegen gibt eine fertige Antwort aus und das war's – für Kinder ist nicht transparent, **woher** die Information stammt und wie man sie überprüfen könnte.

Natürlich bieten KI-Sprachsysteme auch **Chancen**: Sie können auf Knopfdruck fremdsprachige Begriffe übersetzen, bei der Aussprache helfen oder Kindern, die sonst niemanden zum Reden haben, als geduldiger Zuhörer dienen. Doch die bisherigen Erkenntnisse legen nahe, dass solche Systeme **echte menschliche Kommunikation nicht ersetzen**können. Sie sollten eher als Ergänzung gesehen werden – etwa als *zusätzliche Sprachlern-Hilfe* – und nicht als Hauptquelle des Spracherwerbs. Das beste Rezept für eine gesunde sprachliche Entwicklung bleibt nach wie vor: viel mit echten Menschen sprechen, lesen und zuhören, auch wenn smarte Geräte im Haus sind.

Problemlösungsfähigkeit und kritisches Denken

Neben Aufmerksamkeit, Gedächtnis und Sprache stellt sich die Frage: **Wie wirkt sich KI auf unsere Fähigkeit, Probleme zu lösen und kritisch zu denken, aus?** Einerseits können KI-Systeme uns beim Denken unterstützen – andererseits besteht die Gefahr, dass wir uns *zu sehr* darauf verlassen und dadurch geistig bequem werden. Ein plakatives Beispiel ist die **Mathe-App**, die jedes Rechenproblem löst, sobald man es abfotografiert. Für einen Schüler ist es natürlich verlockend, schwierige Aufgaben einfach der App zu überlassen, statt selbst zu knobeln. Kurzfristig mag das Zeit sparen – langfristig jedoch lernt der Schüler womöglich **weniger effektiv, Probleme eigenständig zu lösen**.

Wissenschaftler sprechen hier von *kognitiver Trägheit* oder **Überabhängigkeit von KI**. Eine aktuelle Übersichtsstudie (2024) untersuchte, wie sich eine **starke Verlassenshaltung auf KI-Assistenz** bei Studierenden auf deren Denken auswirkt. Das Ergebnis: Wenn sich Nutzer daran gewöhnen, KI-Antworten *ungeprüft* zu akzeptieren, bevorzugen sie zunehmend die *schnelle, automatische Lösung* und vernachlässigen eigene analytische Denkprozesse. Mit anderen Worten: Die KI bietet einen **bequemen Abkürzungsweg**, und viele sind versucht, diesen zu nehmen – auch wenn es bedeutet, weniger zu *hinterfragen*. Dieser Trend kann die **kritischen kognitiven Fähigkeiten** beeinträchtigen, z.B. Entscheidungskompetenz und analytisches Denken. Denn wer immer blind der KI vertraut, übt seltener, Informationen selbst zu bewerten oder verschiedene Lösungsansätze abzuwägen.

Auch hier zeigt sich die doppelte Natur der KI: Sie liefert *optimale Lösungen auf Knopfdruck*, was unsere Produktivität steigern kann – zugleich läuft man Gefahr, sich **intellektuell „auszuruhen"**. Insbesondere Kinder und Jugendliche, die erst lernen müssen, Probleme systematisch anzugehen, brauchen Gelegenheiten, ihr **eigenes Denken anzustrengen**. Wenn etwa jedes Rätsel oder jede Wissensfrage sofort per Siri gelöst wird, fehlt die Rückmeldung, *wie* man selbst zur Lösung gelangen könnte. KI sollte deshalb in Lernkontexten idealerweise so eingesetzt werden, dass sie zwar Hilfe gibt, aber dennoch das aktive Mitdenken fördert – zum Beispiel durch **Hinweise statt fertiger Lösungen**. Einige moderne Lernprogramme tun genau das: Sie geben bei einer falschen Antwort Tipps, *wo* der Fehler liegen könnte, anstatt direkt die richtige Lösung vorzukauen. So bleibt der oder die Lernende mental eingebunden und entwickelt wichtige **Problemlösungskompetenzen**, während die KI nur als Tutor wirkt.

Ein weiterer Aspekt des kritischen Denkens ist die **Reflexion über Informationen**: KI kann heute Texte generieren und Fragen beantworten, aber nicht alles, was aus KI-Systemen kommt, ist korrekt oder ausgewogen. Hier ist es entscheidend, dass gerade junge Nutzer lernen, **Ergebnisse einer KI kritisch zu hinterfragen**. Zum Glück berichten viele Jugendliche, dass sie KI-Ergebnisse mit einer gewissen Skepsis betrachten – aber diese *Medienkompetenz* muss weiter gestärkt werden (dazu mehr in den Empfehlungen am Kapitelende).

Chancen: KI als Lernhelfer und kognitive Stütze

Trotz mancher Risiken bietet KI enorme **Chancen**, unsere kognitiven Fähigkeiten zu fördern. Richtig eingesetzt, können KI-basierte Lernsysteme Kindern und Jugendlichen helfen, **effektiver zu lernen und ihr Potenzial**

auszuschöpfen. Ein großer Vorteil von KI im Bildungsbereich ist die **Individualisierung**: Software kann sich dem Tempo und Niveau jedes einzelnen Kindes anpassen. In einer Schulklasse ist es für Lehrkräfte schwierig, auf alle Lerngeschwindigkeiten individuell einzugehen – KI-Tutorien hingegen können z.B. einem talentierten Schüler anspruchsvollere Aufgaben geben, während ein anderer Schüler zusätzliche Übungsrunden für Grundlagen erhält, *zur gleichen Zeit*.

Konkrete Beispiele gibt es bereits: Intelligente Mathe-Lernapps analysieren die Fehler eines Kindes und stellen gezielt ähnliche Aufgaben, um Fehlkonzepte auszuräumen.
Sprachlernprogramme mit KI passen sich an den Wortschatz und die Aussprache der Lernenden an. Erste Studien und Erfahrungsberichte sind vielversprechend. So ergab eine repräsentative Befragung in Deutschland („IU Lernreport 2024"), dass **57,9 %** der Lernenden, die KI-Tools beim Lernen nutzen, eine Verbesserung ihrer **Lern- oder Prüfungsergebnisse** feststellen konnten. Über die Hälfte der Befragten beurteilte den Einsatz von KI beim Lernen als *sehr positiv oder eher positiv*. Genannt wurden vor allem Vorteile wie **orts- und zeitunabhängiges Lernen** (man

kann jederzeit und überall lernen) und die Möglichkeit, im **eigenen Tempo** zu arbeiten. Fast ebenso wichtig war vielen Jugendlichen, dass KI einen *nicht verurteilt*: Man kann der App **„dumme Fragen"** stellen, ohne sich zu schämen, und bekommt geduldig AntwortenDiese angstfreie Lernumgebung ermutigt dazu, **neugierige Fragen** zu stellen – ein Verhalten, das im Klassenzimmer aus Angst vor Blamage oft unterdrückt wird.

Auch aus der Entwicklungspsychologie kommen optimistische Töne: KI-Systeme können, wenn sie gut gestaltet sind, quasi als *„zusätzliche Lehrkraft"* wirken. Eine Forschungsgruppe um die Bildungswissenschaftlerin Ying Xu (Harvard University) hat zum Beispiel **KI-Lernbegleiter** entwickelt, die Kinder beim Vorlesen eines Buches begleiten. Die KI hört zu und stellt zwischendurch Fragen zum Text („Was denkt du, wie fühlt sich die Hauptfigur?" oder „Was glaubst du, passiert als nächstes?"). Die Kinder antworten und erhalten daraufhin Feedback oder kleine Hinweise. In Studien führte ein solches interaktives Vorlesen mit KI dazu, dass die Kinder die Geschichten **besser verstanden und neue Wörter leichter lernten**. In manchen Fällen waren die Lernfortschritte durch die KI-

Begleitung *vergleichbar mit denen durch einen menschlichen Tutor*. Das zeigt, welch enormes Potenzial in intelligenten Lernsystemen steckt. Allerdings betonen die Forscher auch, dass KI **nicht alle Aspekte menschlicher Interaktion ersetzen** kann. So fehlt z.B. die tiefe soziale Bindung und spontane Anschlussfragen, die ein einfühlsamer Lehrer oder Elternteil bieten würde. Dennoch: Als Ergänzung im Bildungssystem kann KI helfen, **Wissenslücken gezielt zu schließen**, Lernen spielerischer zu gestalten und sogar kognitive Fähigkeiten zu trainieren – etwa Gedächtnis (durch adaptive Wiederholungsübungen) oder logisches Denken (durch interaktive Simulationen und Rätsel).

Kurz gesagt, KI kann wie ein *maßgeschneiderter Coach* fungieren, der jeden Schüler dort abholt, wo er steht. Gerade für Kinder mit Lernschwierigkeiten oder besonderen Bedürfnissen bieten sich hier Chancen: Zum Beispiel könnten autistische Kinder mit sozialen Robotern üben, Emotionen zu erkennen, oder Kinder mit Aufmerksamkeitsproblemen mit KI-gestützter Software lernen, Ablenkungen besser zu widerstehen (es gibt z.B. Apps, die mittels spielerischer Übungen das **Arbeitsgedächtnis** und die **Impulskontrolle** stärken). Wichtig ist immer, dass solche Systeme **wissenschaftlich fundiert** entwickelt und begleitet werden, damit sie wirklich fördern und nicht einfach nur Unterhaltung bieten.

Risiken: Übermäßige KI-Nutzung und kognitive Überlastung

Viele der genannten negativen Effekte treten vor allem dann auf, wenn KI **übermäßig oder unreflektiert genutzt** wird. Ein Kind, das stundenlang in virtuellen Welten oder mit Chatbots verbringt und kaum offline-Aktivitäten hat, läuft Gefahr, eine **unausgewogene kognitive Entwicklung** zu durchlaufen. Einige Risiken im Überblick:

- **Kognitive Trägheit:** Wie oben beschrieben, kann die ständige Verfügbarkeit von KI-Lösungen dazu führen, dass das eigene Gehirn weniger gefordert wird. Wer immer sofort die Antwort präsentiert bekommt, trainiert weniger das **aktive Problemlösen**. Langfristig könnte dies dazu führen, dass die Fähigkeit, sich in neue komplexe Probleme hineinzuarbeiten, abnimmt. Man verlässt sich dann auf *mentale*

Abkürzungen und einfache Antwortenwas in einer komplexen Welt hinderlich sein kann.

- **Aufmerksamkeitsdefizite:** Übermäßiger Medien- und KI-Konsum kann Symptome fördern, die an ADHS erinnern – Konzentrationsschwächen, innere Unruhe, ständiger Reizwechsel. Gerade die **algorithmischen Feeds**sozialer Medien (eine Form von KI) sind so gestaltet, dass sie maximal fesseln, aber auch maximal ablenken: Ein steter Fluss kurzer Clips kann die Geduld für langsame Tätigkeiten schwinden lassen. Studien legen nahe, dass Kinder mit sehr hohem Bildschirmkonsum häufiger **Aufmerksamkeitsprobleme**zeigen. Allerdings ist hier oft unklar, was Ursache und Wirkung ist: Vielleicht greifen unruhige Kinder eher zu digitalen Medien, oder die Medien machen die Kinder unruhig – wahrscheinlich gibt es Wechselwirkungen. Sicher ist, dass **Pausen** und **Grenzen** bei der Nutzung wichtig sind, um einer dauerhaften Überreizung vorzubeugen.

- **Reizüberflutung und Stress:** Die Informationsflut durch ständig verfügbare KI kann auch zu mentalem Stress führen. Das Gehirn bekommt kaum noch Leerlauf, wenn wir jede freie Minute mit neuen Infos füllen (News, Nachrichten, Videos). Besonders sensible Kinder können von dieser Reizüberflutung **überfordert** werden – es fällt ihnen schwer, zur Ruhe zu kommen. Anzeichen dafür können Schlafprobleme, Gereiztheit oder nachlassende Leistungen in der Schule sein. Hier gilt: Weniger ist manchmal mehr. Kinder brauchen auch **langeweile** und offline Spielzeit, um kreativ zu werden und Gelerntes zu verarbeiten.
- **Abhängigkeit und Kontrollverlust:** Wenn Jugendliche alle ihre Termine von KI-Managern organisieren lassen, jede Route dem Navi folgen und auf jede Frage sofort online eine Antwort suchen, besteht die Gefahr einer **übermäßigen Abhängigkeit**. Geht das digitale Helferlein mal nicht, steht man plötzlich hilflos da. Ein Beispiel ist das Navigationsgefühl: Viele junge Menschen orientieren sich schlechter ohne Navi, weil

sie nie gelernt haben, **analog** zu navigieren (Karte lesen, Weg merken). Das heißt nicht, dass man auf KI verzichten sollte – aber ein Grundverständnis, *auch ohne* Technik zurechtzukommen, ist Teil einer robusten kognitiven Fähigkeit.

Zusammengefasst bestehen die Risiken vor allem dann, wenn **Maß und Ziel** verlorengehen. KI selbst macht nicht „dumm" – aber ein unreflektierter, pausenloser Gebrauch kann gewisse geistige Fertigkeiten verkümmern lassen, so wie ein Muskel, den man nie benutzt. Im nächsten Abschnitt betrachten wir, wie sich solche Effekte zwischen verschiedenen Altersgruppen unterscheiden und was das im Vergleich zu früher bedeutet.

Kinder, Jugendliche und Erwachsene: Unterschiede

Kinder und Jugendliche reagieren auf KI-Einflüsse zum Teil anders als **Erwachsene**. Der wichtigste Unterschied ist der Entwicklungsstand des Gehirns: Bei Kindern und Teens befinden sich Gehirnregionen für **Aufmerksamkeit, Impulskontrolle und Planung** (vor allem im Frontallappen) noch in der Reifung bis ins junge Erwachsenenalter. Das bedeutet, junge Menschen sind **plastischer** – sie lernen neue Technologien schneller und integrieren sie natürlicher in ihren Alltag. Gleichzeitig sind sie **anfälliger** für negative Einflüsse, weil z.B. das Kontrollnetz im Gehirn (welches hilft, nicht ständig auf Ablenkungen hereinzufallen) noch nicht voll ausgereift ist. Ein 14-Jähriger tut sich schwerer, das Smartphone wegzulegen, um für eine Prüfung zu lernen, als ein 40-Jähriger – einfach weil die biologischen Bremsmechanismen noch nicht so stark sind.

Dazu kommt, dass Kinder und Jugendliche viele ihrer **Basiskompetenzen** erst entwickeln. Ein Grundschüler etwa baut gerade erst seinen Wortschatz und seine sozialen Fähigkeiten auf; wenn in dieser Phase KI-Anwendungen dominant sind, können bestimmte Erfahrungen fehlen (wie in einem früheren Abschnitt erwähnt, z.B. das Üben von Höflichkeit oder das Stellen eigener Fragen). Erwachsene hingegegen verfügen bereits über gefestigte Sprach- und Denkmuster. Sie nutzen KI meist **zielgerichteter** als Werkzeug. Interessanterweise deuten Studien darauf hin, dass ältere Erwachsene – anders als befürchtet – **kognitiv profitieren können**, wenn sie offen digitale Technologien verwenden. In einer Meta-Analyse mit rund 400.000 Senioren war die

Nutzung von Smartphones, Tablets und Internet mit *einem geringeren Risiko für kognitiven Abbau* verbunden. Offenbar hilft es dem alternden Gehirn, sich auf Neues einzulassen, soziale Verbindungen online zu pflegen und sich geistig zu stimulieren (z.B. durch Rätsel-Apps, Nachrichtenlesen, Videotelefonate mit Enkeln). Bei älteren Semestern scheint also **Technikaffinität eher schützend** für die geistige Fitness zu sein, während man bei der jungen Generation mehr aufpassen muss, dass die Techniknutzung nicht entgleist.

Ein weiterer Unterschied: **Medienkompetenz**. Viele Jugendliche wachsen als *Digital Natives* auf – sie kennen sich intuitiv mit Geräten aus, wissen aber nicht unbedingt um die Fallstricke. Erwachsene (Eltern) haben oft einen Blick sowohl auf analoge als auch digitale Wege, weil sie beide kennen. So kann ein Erwachsener eher beurteilen: *War es jetzt gut, dass du die Antwort gegoogelt hast, oder solltest du es nochmal selbst überlegen?* Kinder brauchen hier Anleitung. Auf der anderen Seite lernen Jugendliche unglaublich schnell, mit neuen KI-Tools umzugehen, während manche ältere Menschen Berührungsängste haben. Optimal ist es, wenn **Generationen voneinander lernen**: Die Jüngeren profitieren von der Lebenserfahrung und Reflexion der Älteren, die Älteren von der Technikroutine der Jüngeren.

Im Vergleich zu früheren Generationen

Schauen wir zum Abschluss auf den **historischen Vergleich**: Wie unterscheidet sich die heutige „KI-Generation“ von früheren Generationen, die ohne intelligente Technik im Alltag auskamen? Zunächst hatten Kinder früherer Jahrzehnte natürlich auch ihre Ablenkungen (Fernsehen, Videospiele, Radio) – aber die *Qualität* und *Quantität* der medialen Reize war eine andere. In den 1980ern oder 90ern gab es keine Smartphones, kein Internet für jedermann, keine allwissende KI auf Zuruf. Informationen mussten aktiv gesucht werden – etwa in Büchereien oder Lexika. Diese Generationen trainierten damit automatisch Fähigkeiten wie **längeres Lesen, Geduld beim Recherchieren** und oft ein besseres Gedächtnis für Alltagsdinge (man musste sich z.B. Telefonnummern oder Fakten länger merken, weil der Nachschlag nicht sofort verfügbar war).

Auf der anderen Seite hatten frühere Generationen *weniger Informationszugang*: Man war stärker auf das vorhandene Wissen im eigenen Kopf angewiesen und hatte weniger Möglichkeiten, schnell Neues zu lernen. Heutige Jugendliche können sich binnen Minuten über fast jedes Thema informieren, während ihre Großeltern in jungen Jahren vielleicht wochenlang auf ein Fachbuch warten mussten. Das heißt, jede Generation hat **unterschiedliche Kompetenzen**entwickelt: Früher vielleicht bessere **Ausdauer und Merkfähigkeit**, heute dafür **schnellere Informationssuche und Multitasking**. Es gibt Hinweise darauf, dass die abnehmende Lesekultur einen Einfluss auf die Intelligenzleistungen hat. So ist z.B. der Anteil junger Menschen, die regelmäßig längere Texte (Romane, Sachbücher) lesen, in den letzten Jahrzehnten deutlich gesunken – parallel dazu beobachten einige Studien leichte Rückgänge in Fähigkeiten wie komplexem Textverständnis und kritischem Denken.

Allerdings ist Vorsicht geboten mit pauschalen Vergleichen. Jede neue Technologie rief anfangs Bedenken hervor: **Taschenrechner** sorgten in den 1970ern für die Sorge, Schüler könnten nicht mehr kopfrechnen; **Fernsehen** galt als gefährlich für die Fantasie der Kinder; **Computerspiele** in den 90ern standen im Verdacht, die Jugend zu verdummen. Viele dieser Befürchtungen haben sich nicht in dem Maße bestätigt – oft passten sich die Menschen an und integrierten die neuen Möglichkeiten, ohne dass grundlegende Fähigkeiten verschwanden. Ähnlich könnte es mit KI sein: Die *Schlüsselkompetenz der Zukunft* wird vermutlich darin liegen, KI **kompetent zu nutzen**, ohne dabei die eigenen kognitiven Muskeln verkümmern zu lassen. Das bedeutet, Unterschiede zu früher sind da – aber es liegt an uns, aus der Kombination alter und neuer Ansätze das Beste zu machen.

Ausblick und Empfehlungen

Angesichts der Chancen und Risiken von KI für unsere kognitiven Fähigkeiten stellt sich die Frage: **Wie können wir dafür sorgen, dass Kinder und Jugendliche von KI profitieren, ohne Schaden zu nehmen?** Abschließend einige wichtige Empfehlungen und Orientierungspunkte aus der aktuellen Forschung:

- **Maßvoller Mediengebrauch:** *Balance* ist das Zauberwort. Experten raten, bei Kindern klare Grenzen für die **Bildschirmzeit** zu setzen, ohne digitale Medien pauschal zu verteufeln. *„Man muss es überhaupt nicht verbieten, Kinder sollen da schon ihre Erfahrungen sammeln. Es ist* *aber wichtig, dass sie eben auch Zeit für andere Sachen haben"*, bringt es Neurobiologe Korte auf den Punkt. Das Smartphone oder der PC **soll nicht alle Freizeit dominieren**, sondern nebenbei laufen. Offline-Aktivitäten wie Sport, Spielen draußen, Basteln und Lesen sollten täglich ihren festen Platz haben.

- **Gezielte *Offline*-Rituale:** Familien sollten feste *medienfreie Zeiten* einführen. Zum Beispiel kann die Regel gelten, dass bei gemeinsamen Mahlzeiten Handys und Tablets weggelegt werden. Solche Rituale schaffen Raum für ungestörte Gespräche und Konzentration. Wichtig ist, dass Eltern hier als **Vorbild** fungieren – wenn Mama und Papa ständig am Handy hängen, wird es dem Kind schwer vermittelbar, warum es selbst verzichten soll. Studien zeigen, dass Kinder von medienbewussten Eltern selbst auch reflektierter mit digitalen Angeboten umgehen.
- **Förderung von Medien- und KI-Kompetenz:** In Schule und Elternhaus sollte aktiv darüber gesprochen werden, **wie KI funktioniert** und wo ihre Grenzen

liegen. Fachleute plädieren dafür, Kinder früh in „**KI-Literacy**“ zu schulen – also ihnen beizubringen, KI-Ausgaben kritisch zu hinterfragen und zum Beispiel zu verstehen, dass ein Sprachassistent auch Fehler machen oder Vorurteile enthalten kann. Dazu gehört, gemeinsam zu üben, Informationen aus dem Internet zu prüfen (Stichwort *Quellenbewertung*) und KI-Ergebnisse nicht blind zu vertrauen. Wenn Jugendliche lernen, KI als *Werkzeug* und nicht als *Wahrheitsorakel* zu betrachten, stärkt das ihr kritisches Denken.

- **Aktive Begleitung statt Isolation:** KI-Geräte sind kein Babysitter. Untersuchungen empfehlen, dass Eltern und Pädagogen die **KI-Nutzung aktiv begleiten**. Das heißt konkret: Interesse zeigen, welche Apps oder Spiele das Kind nutzt, gelegentlich gemeinsam nutzen und darüber reden. Wenn ein Kind z.B. mit Alexa spielt, könnten Eltern es ermutigen, auch mal selbst Antworten zu suchen, oder sie können erklären, woher Alexa ihr Wissen bezieht. In Schulen sollten Lehrkräfte KI-Themen offen ansprechen (z.B. Nutzung von ChatGPT für

Hausaufgaben) und den Schülern *guidelines* geben, wann es sinnvoll ist und wann eigene Arbeit gefragt ist. Durch solche Begleitung bleibt die KI-Nutzung **reflektiert** und die Kinder lernen, sich nicht vollkommen darin zu verlieren.

- **Bewusster Umgang und Pausen für alle:** Nicht nur Kinder, auch Erwachsene profitieren von einem bewussten Medienverhalten. Es lohnt sich, im Alltag **bewusste Offline-Zeiten** einzuplanen – etwa eine Stunde vor dem Schlafengehen kein Handy mehr, oder einen Tag am Wochenende digital frei machen. Dieses *„digitale Detox"*hilft dem Gehirn, sich zu erholen und stärkt paradoxerweise auf Dauer die Konzentration, wenn man wieder online geht. **Politik und Gesellschaft** sind aufgefordert, Aufklärung zu betreiben und ggf. Richtlinien zu setzen: z.B. Empfehlungen für maximal empfohlene Bildschirmzeiten nach Alter, oder Qualitätsstandards für KI-Lernsoftware. Bildungseinrichtungen diskutieren bereits, wie man *KI sinnvoll in den Unterricht integriert*, ohne Grundfertigkeiten zu vernachlässigen. Hier ist ein Mittelweg wichtig: Weder sollten Schulen KI komplett verbannen (denn die Technik wird Teil der Zukunft der Schüler sein), noch unkritisch alles übernehmen. Lehrpläne könnten z.B. vorschreiben, dass neben dem Einsatz von KI-Tools auch immer ein Teil der Aufgaben *von Hand* gelöst wird, um die Köpfe fit zu halten.

Zusammenfassend lässt sich sagen: **KI verändert die kognitive Umwelt, in der unsere Kinder aufwachsen.** Sie bringt enorme Chancen für individuelle Förderung und Zugang zu Wissen, stellt uns aber auch vor die Herausforderung, traditionelle geistige Fertigkeiten zu bewahren. Kinder und Jugendliche können mit KI-basierten Systemen **aufwachsen und dennoch konzentriert, kreativ und kritisch denkend** bleiben – wenn wir sie dabei begleiten und dafür sorgen, dass KI ein Werkzeug bleibt und kein Ersatz für eigene geistige Anstrengung. Die Wissenschaft wird in den kommenden Jahren weiter beobachten, wie sich diese Balance entwickelt. Bis dahin gilt es, mit gesundem Menschenverstand und orientiert an den bisherigen Erkenntnissen dafür zu sorgen, dass KI uns *unterstützt* und nicht *vereinnahmt*. So können wir das Beste aus beiden Welten verbinden: die **kognitiven Fähigkeiten**, die uns als Menschen ausmachen, und die **KI-Systeme**, die uns dabei helfen, diese Fähigkeiten zu erweitern.

Schlusswort: Zwischen Kontrolle und Vertrauen

Künstliche Intelligenz ist keine Idee aus ferner Zukunft mehr. Sie ist Teil unseres Alltags, unserer Arbeitswelt, unserer Kommunikation – und zunehmend auch Teil dessen, wie wir denken, lernen, erinnern und entscheiden. Dieses Buch hat versucht, diese Entwicklung in all ihren Facetten zu beleuchten: von Chancen über Risiken bis zu den großen ethischen Fragen.

Dabei wurde deutlich: KI ist weder gut noch böse. Sie ist kein Akteur, sondern ein Werkzeug – geformt von Menschen, programmiert mit Absicht, eingesetzt mit Wirkung. Wie jede technologische Revolution konfrontiert sie uns mit einer Wahl:

Wollen wir gestalten – oder verwaltet werden? Wollen wir Verantwortung übernehmen – oder abgeben?

Künstliche Intelligenz fordert uns heraus, nicht nur klüger, sondern auch **menschlicher** zu werden. Denn je mehr Maschinen für uns mitdenken, desto wichtiger wird es, **zu wissen, wer wir sind** – und was uns als Menschen ausmacht:
Nicht unsere Effizienz. Nicht unsere Rechenleistung. Sondern unsere Fähigkeit zu zweifeln. Zu fühlen. Uns zu irren. Und dennoch Verantwortung zu übernehmen.

Die Frage *„Was macht KI mit uns?"* kann nicht endgültig beantwortet werden – aber sie kann uns lehren, wacher, aufmerksamer und bewusster durch diese neue Zeit zu gehen.

Wir stehen nicht am Ende, sondern am Anfang einer Entwicklung. Und wir haben es in der Hand, **was wir aus dieser Technologie machen**:
Eine Maschine, die uns ergänzt – oder eine, die uns ersetzt.
Ein Werkzeug zur Befreiung – oder zur Überwachung.
Eine Chance auf mehr Gerechtigkeit – oder ein Katalysator für Ungleichheit.

Wenn wir über KI sprechen, sprechen wir letztlich **über uns selbst**: über unsere Werte, unsere Vision von Gesellschaft, unser Verständnis von Menschlichkeit.

Deshalb endet dieses Buch nicht mit einer Warnung – sondern mit einem Aufruf:

Lernen wir, KI zu verstehen. Lernen wir, sie zu hinterfragen. Und lernen wir, sie zu nutzen – mutig, verantwortungsvoll, menschlich.

Denn die Antwort auf die Frage „*Was macht KI mit uns?*“ beginnt mit einer Gegenfrage:

Was machen wir mit KI?